경남산문선 99

박귀영
수필집

오래된 집

봄 날 의
향기처럼

도서
출판 경남

author's note

작가의 말

살랑이는 바람을 타고 후드득 마른 잎이 떨어진다. 계절이 바뀌려나 보다. 단풍물 든 벚나무 아래에서 반짝이는 햇볕을 쐬며 맑고 푸른 하늘을 올려다본다. 오늘 나의 하루는 또 어떤 빛깔로 물들까.

여행이란 시간의 간극을 만나는 일이다. 과거와 현재를 마주하며 그 속에서 수많은 이야기와 풍경을 담아내는 여정이다.

낯선 곳으로, 혹은 익숙한 어딘가로 틈날 때마다 떠났다. 누군가 가볍게 지나친 것도 내게는 소중한 추억으로, 글감으로 살아나 기록이 되었다. 길 위에서 마주했던 맛있는 만남이 마음을 어루만지고 위로가 되어 환하게 빛나고 있음에 감사한다.

두 번째 수필집이 나오기까지 늘 함께 동행해 준 가족에게 고마움을 전하고 싶다. 흔쾌히 평설을 써 주신 김홍섭 선생님께 감사 인사를 드린다. 꾸준히 창작에 전념하라고 격려해 준 문우들과 따뜻하고 아름다운 그림을 표지에 담도록 허락해 주신 노충현 화백님께 감사함을 전한다.

한 편의 글이 엮글어 세상으로 나올 때마다 작가와 대화하듯 즐겁게 읽어주는 독자가 있어 행복하다.

2025년 가을 어느 날
박귀영

• 차례 •

작가의 말 • 3

평설 | 고택의 장처럼 숙성된 사색의 결정들

김홍섭(소설가·평론가) • 174

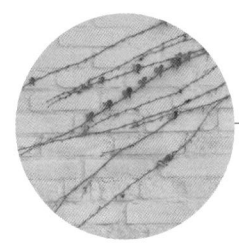

Chapter 1

담쟁이의 꿈

아버지의 도장	• 011
만두를 빚으며	• 014
향기 나는 책	• 018
오래된 집	• 023
아름다운 손	• 028
담쟁이의 꿈	• 031
육필 편지	• 036
국밥 한 그릇	• 040
망향대에서	• 044
설레지 않으면 버려라	• 049

Chapter 2 나무고아원

거장의 시선을 따라가며	• 055
굴비 예찬	• 059
추전역	• 062
쓸모 있는 기록	• 066
연필을 깎으며	• 071
나무고아원	• 076
송이 반점	• 080
인생 환승	• 085
햇볕이 그립다	• 087
닭 울음이 사라졌다	• 091

Chapter 3 전나무 숲길에서

4인용 식탁	• 097
맛있는 기억을 찾아서	• 100
반려 식물과 산다는 것	• 103
행복한 술빵	• 107
전나무 숲길에서	• 112
후루룩 칼국수	• 116
우리는 무엇으로 다시 만날까	• 121
꿈속의 고향	• 124
사람이 그립다	• 128
웃음 한번 웃어봐요	• 131

Chapter 4

인생의 숨구멍

전어가 돌아왔다	• 137
인생의 숨구멍	• 141
음악이 전하는 위로	• 146
매듭을 풀며	• 151
오늘도 와인처럼	• 154
탄탄대로 가는 길	• 159
신포리 느티나무	• 162
눈으로만 말해야 합니다	• 165
친구가 필요한가요	• 169

Park
Gwiyeong
Essay

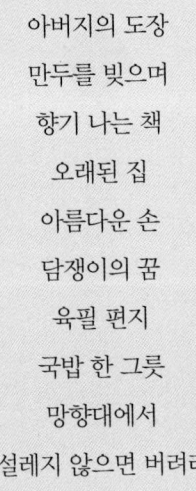

아버지의 도장
만두를 빚으며
향기 나는 책
오래된 집
아름다운 손
담쟁이의 꿈
육필 편지
국밥 한 그릇
망향대에서
설레지 않으면 버려라

chapter 1

아버지의 도장

　남편의 도장을 잃어버렸다. 은행 일을 보고 도장 갑에 넣어 두었는데 어디로 사라진 건지 도무지 찾을 수가 없다. 도장의 소중함을 까맣게 잊고 있다가 중요한 서류에 남편의 인감 찍을 일이 생겨서야 없어진 것을 알게 되었다. 필시 집안 어딘가에 있을 것 같아 여기저기 꼼꼼히 뒤져 보았지만 보이지 않는다. 평소 도장 쓰임새가 그리 많지 않아서일까. 나름 잘 간수한다고 깊이 숨겨 두었나 보다.
　전서체 멋이 담긴 남편의 인감도장은 여느 도장과 다르게 그에게는 무척 소중한 물건이다. 시아버님이 남편에게 손수 새겨준 세상에 하나밖에 없는 유품이기 때문이다. 값어치를 매길 수 없을 만큼 귀한 물건을 내 부주의로 잃어버리다니 미안한 마음에 며칠 속앓이를 했다.

시아버님은 생전에 동네에서 도장을 새기는 인장업을 하셨다. 열 평 규모의 가게에는 손님들이 끊이지 않고 찾아올 정도로 이름나 있었다. 작은 도장 하나를 새기기 위해 찬찬히 작업에 임하는 아버님의 모습을 지켜보는 것이 당시 내겐 즐거운 일이었다. 가족의 생계를 위해 하는 일이었지만 자신에게는 행복을 안겨 주는 일이라며 늘 미소를 지으시던 모습을 어찌 잊을까. 친정아버지가 일찍 돌아가신 터라 시아버님을 아버지처럼 따르고 존경했다.

당시 아버님은 매일 가게에 손님이 오면 돋보기안경을 살짝 내리고 그의 얼굴을 찬찬히 보면서 도장이 어디에 쓰일 것인지 물었다. 작은 책상 앞에 앉아 이런저런 이야기를 나누면서 그에 맞는 도안을 머릿속으로 그려본다는 이유였다. 이것은 단순히 돈을 받기 위한 의무적인 작업이 아니라는 걸 오랜 세월이 지난 후에 알게 되었다.

아버님에게 도장은 예술작품을 빚는 것과 진배없었다. 마치 예술가들이 자기의 작품을 만들기 위해 혼신의 힘을 다하는 것과 다르지 않았다. 단순하게 보이는 작업이었지만 글자의 간격을 맞추고 칼끝에 힘을 모아 세밀하게 한 자씩 새기면서 극도로 집중을 하였다. 조금의 실수도 허락하지 않겠다는 듯 이리저리 틀을 돌려가며 자간을 맞추어 나가는 모습에서 장인 정신이 느껴졌다. 조각칼을 잡은 손끝에서 한 사람의 기운이 새롭게 태어나는 느낌이랄까.

도장을 끼우는 나무틀은 세월의 흔적이 느껴질 정도로 반질반질 윤이 났다. 짧게는 오 분에서 길게는 사십여 분 동안 정교한 작업을 하고 나면 솔로 깨끗하게 털어 내고 까맣게 먹을 넣었다. 마지막으로 날마다 기록하던 인장부에 확인 도장을 힘주어 꾹 눌러 찍고 나면 의뢰인에게 그의 이름이 찍힌 종이를 건네주었다. 얼마 전 집안 정리를 하면서 아버님이 기록하셨던 인장 장부를 다시 보았다. 몇 권의 장부에 사람들의 이름이 다양한 글씨체로 선명하게 찍혀 있었다. 종이는 낡고 빛바랬는데도 마치 방금 찍은 것처럼 생생하게 여운이 남았다.

도장이 필수품이던 시대는 지나가고, 간단한 서명으로 웬만한 일은 다 해결되는 요즘이다. '돈은 빌려줘도 도장은 빌려주지 않는다.'는 말이 있을 정도로 귀하게 여기며 좋은 일에 쓰던 기억이 새롭다. 손으로 파야 이름값을 하던 인장이 점점 줄어들어 아쉬움이 크지만 어쩔 수 없는 현실이다.

이름에 의미를 부여하는 도장의 가치를 생각해 본다. 나를 증명하는 신분증인 도장에 빨간 인주를 묻혀 찍는다는 것은 내가 행할 일에 책임을 진다는 것이다. '그 사람만의 기운은 스스로 지켜야 하는 것'이라며 환하게 웃으시던 아버님의 얼굴이 떠오른다. 세상에 단 하나밖에 없는 평생 도장을 남편에게 선물해 주고 싶다.

chapter 1

만두를 빚으며

　뜨거운 여름 기운을 느끼며 대구 서문시장에 들어서자 금세 시원한 그늘이 드리워졌다. 후끈한 열기를 품은 도심의 풍경은 한산하다 못해 조용한데 이곳은 왁자하게 사람들로 넘쳐난다.
　'성문 밖에서 시작된 장터'라는 뜻을 가진 서문시장에는 골목마다 저렴하고 맛있는 음식들이 식객의 입맛을 사로잡는다. 미로 같은 길을 따라 시장 골목을 걷다 보면 고소한 기름 냄새가 걸음을 멈춰 세운다. 납작납작 부드러운 납작 만두가 유명세를 타고 유혹을 하니 그 틈에 나도 줄을 선다.
　도대체 무슨 맛일까. 특별한 무엇이 있으려나 생각하며 살펴본 만두는 그 이름처럼 납작한 반달 모양이다. 속이 꽉 찬 일반 만두와는 비교가 안 될 정도로 빈약한 모양새지만 그 속에 숨은 맛이 궁금해진다. 팬에 기름을 넉넉히 두르고 바삭하게 구워 낸 납작 만두에 간장을 두어 스푼 넣어야 맛있다며 주인아주머니가 살짝 귀띔을 해 준다.

막상 한입 먹어보니 딱히 특별한 맛은 없지만 속을 억지로 채우지 않아서인지 심심해도 먹을 만하다. 당면과 부추와 파가 들어간 부침개처럼 담백하다. 찐만두건 군만두건 재료와 모양이 어떻든 여러 음식 중에 만두를 좋아해 즐겨 먹는다. 이만하면 오늘 맛 투어도 만족스러운 편이다.

많은 음식 중에 만두를 좋아하는 건 고향의 맛이 그 속에 담겨 있기 때문이다. 고향에서는 설날 아침이면 전날 만들어 놓은 만두를 차례상에 올렸다. 새해를 맞아 따뜻한 만둣국을 놓고 차례를 지내는 풍습은 강원도의 오랜 전통이다. 만두 제사를 위해 집집마다 섣달그믐날에는 온 가족이 둘러앉아 직접 만두를 빚으면서 정을 나눴다. 속이 꽉꽉 알찬 만두를 먹는 것은 복을 짓는 의식이라고 모두들 좋아했다.

우리 집 만두의 특징은 크기부터 남달랐다. 숙성이 잘된 반죽을 살살 돌려 가며 손바닥 넓이만큼 만두피를 빚는 일은 언제나 내 몫이었다. 양은 주전자 뚜껑으로 똑같이 찍어 내는 크기와는 비교가 안 될 정도로 컸다. 수고롭기는 해도 직접 손으로 만들어야 양도 푸짐하고 식감도 좋았다.

속이 꽉 차지 않아도 넓게 펼쳐진 마음이
더 깊은 맛을 낸다는 생각이 든다.
조금은 못생겨도 그 속이 알차고 단단하면
결코 얕지 않다는 걸 이제는 알 것 같다.

어떤 재료가 들어가는지에 따라 이름도 다양한데 우리 집에서는 잘 익은 김장 김치가 주재료로 들어갔다. 김치만 있으면 맛은 이미 보장된 거나 다름없었다. 김치를 꼭 짠 다음 송송 썰어 잘게 다지고, 삶은 숙주와 대파, 그리고 마늘이나 참기름 같은 부재료와 두부를 으깨 한데 넣었다. 간단한 재료들이 뒤섞이며 만두 속에 각각의 맛이 어우러졌다.

겨울밤, 얌전히 앉아 만두피를 반으로 접어 테두리에 서너 개의 주름을 잡은 반달 만두와 양쪽 끝을 가운데로 붙여 만든 둥근 개성식 만두를 주로 만들었다. 둥글고 모나지 않게 적당한 크기로 빚어야 한다며 어머니는 말씀하셨지만 마음뿐 너무 가득 채워 터지기 일쑤였다. 세월이 흐르고 보니 제각각의 솜씨로 빚은 만두가 모두의 속을 따뜻하게 데워주었다는 걸 알았다.

서문시장의 납작 만두를 보니 속이 꽉 차지 않아도 넓게 펼쳐진 마음이 더 깊은 맛을 낸다는 생각이 든다. 조금은 못생겨도 그 속이 알차고 단단하면 결코 얕지 않다는 걸 이제는 알 것 같다.

만두를 빚으며 세월의 주머니에 속을 채우듯 조금씩 천천히 정성을 들이며 살고 싶어진다. 납작 만두 하나가 다시 내 입속으로 슬그머니 들어온다.

chapter 1

향기 나는 책

　책 한 권이 지닌 추억과 설렘을 만나기 위해 비 오는 날이면 이웃 도시에 있는 헌책방에 간다. 조용한 주택가 골목 어귀에 자리 잡은 소소한 책방은 찾아오는 이들에게 시간의 박물관 같은 공간이 되어 준다. 책은 나에게 늘 변함없이 한자리에서 인생의 길라잡이가 되어 주는 귀한 스승이다.
　평생 자신이 소장했던 많은 책을 '책 무덤'에 비유했던 어느 시인의 말처럼 이곳은 그야말로 바닥부터 천장까지 수많은 도서들로 빼곡하다. 절판된 서적이나 고서들, 다양한 분야의 책이 새로운 누군가를 기다리고 있는 풍경이 정겹다. 버려진 낡은 책이 과거와 현재를 이어주는 연결고리처럼 소중하게 쌓여 있다.

최근 몇 년 내에 출간한 깨끗한 책만 판매하는 인터넷 중고 서점으로 인해 헌책방이 차츰 사라지고 있다는 소식은 아쉽기만 하다. 온라인으로 중고 서적을 주문하기만 하면 집으로 편하게 배송해 주기 때문에 이용하는 사람들이 많다. 하지만 도서의 상태가 다소 뒤떨어지는 경우에는 다시 반품하는 일이 번거롭기도 하다.

간혹 기다리던 책이 심하게 훼손되어 있거나 만족스럽지 못하면 적잖이 당황하게 된다. 특히 포장지를 뜯자마자 훅하고 코를 스치는 담배 냄새 때문에 곤혹을 치를 때도 있다. 그것은 상상을 뛰어넘을 만큼 강렬함으로 다가온다. 이럴 땐 나만의 처방인 책 향수를 뿌려 거뜬히 사라지게 하는 마법을 부려본다.

딸아이에게서 받은 북 퍼퓸은 문학에 문학의 향기를 더한다는 콘셉트로 만들어진 책 향수다. '별 헤는 밤'이라고 쓰인 스티커를 붙여 놓은 작은 유리병은 윤동주 시인의 시를 연상하게 한다. 기분에 따라 상쾌하고 은은한 향수를 분무해 책 읽는 재미를 준다니 참 기발하다. 책 표지에서부터 책갈피까지 상큼한 플로럴향이 나 처음부터 향기 나는 책으로 인쇄된 것 같은 착각이 들 정도다. 글쓴이의 주옥 같은 글에 자연이 아닌 인공의 향을 더해 보니 새롭긴 하다. 그러나 역시 오래된 책에서 나는 종이 냄새가 훨씬 익숙하고 좋다.

이런저런 생각을 하면서 세월을 이기지 못해 무너질 듯 내려앉은 책장을 천천히 둘러본다. 읽고 싶은 책을 하나씩 탐색하는 시간이 시작되려는 순간이다. 츠지 히토나리의 《냉정과 열정 사이》를 집어

오늘은 어떤 책이 내게로 오게 될까.
천천히 내 마음의 빗장을 열어
누군가의 손길이 닿은 책 속으로
풍덩 빠져보려 한다.

펼쳐 본다. 헤어진 연인을 가슴에 담아 둔 채 각자의 삶을 사는 두 사람의 이야기가 잊고 있던 첫사랑을 연상하게 한다. 예전에 읽었던 부분을 다시 펼쳐 보는 사이 언뜻 빛바랜 네잎클로버 하나가 눈에 들어온다. 세월이 많이 흘러 이제는 그 행운이 다 소진됐다 해도 나에게 온 새로운 선물처럼 반갑게 느껴진다. 헌책의 매력은 이런 것이다. 어쩌다 가끔 여행지의 입장권이나 친구에게 부치지 못한 편지, 작가의 사인이 적힌 사인본 등에서 타인의 추억을 엿본다.

책갈피를 넘길 때마다 드문드문 그어진 밑줄은 헌책에서만 볼 수 있는 재발견이다. 은밀하고 중요한 부분을 콕 짚어 한번 보라고 남겨 놓은 것 같아 몇 번이고 읽어본다. 쓸모를 다한 헌책이 나에게로 와 새롭게 인연을 맺는 느낌이 들어 고개를 끄덕이며 공감하게 된다.

어릴 때 누구의 방해도 받지 않고 실컷 독서를 할 수 있었던 동네 헌책방에서의 기억이 아련하다. 책을 읽는 것만으로도 기특하다며 주인아저씨는 언제든 놀러 와도 좋다고 토닥거려 주곤 했다. 많은 책들이 총망라되어 있던 내 유년의 책방은 그래서 더욱 행복으로 충만하다.

어둑한 미로 같은 통로를 따라 느긋하게 걸음을 옮겨본다. 낡은 선풍기 바람을 타고 해묵은 종이 냄새가 사방으로 날린다. 귀에 익은 음악이 매장을 가득 메우고 혼자 묵묵히 책 정리를 하고 있는 주인의 모습이 정겹다. 오래된 책에서 나는 문향文香을 맡으며 숨은 보물을 찾기 위한 나의 여정을 이어간다.
　'마음이 한가로우면 몸은 저절로 한가롭다.'는 이덕무의 글처럼 한 줄기 시원한 바람을 마주한다. 오늘은 어떤 책이 내게로 오게 될까. 천천히 내 마음의 빗장을 열어 누군가의 손길이 닿은 책 속으로 풍덩 빠져보려 한다.

chapter 1

오래된 집

 여행을 하다 보면 예술가들의 집이 그대로 보존되고 있는 것을 종종 본다. 이중섭이 잠시 살았던 서귀포의 작은 셋방은 그에게 있어 예술혼을 꽃피도록 한 곳으로 의미가 크다. 근대 한옥의 멋을 보여주는 성북동 최순우 옛집은 차분하게 담소를 나눌 만한 고택이다. 한때 누군가 살았던 집의 흔적을 따라가다 보면 그 공간의 가치를 다시금 알게 된다.
 버스를 타고 석전동을 지나갈 때마다 내가 살았던 옛집이 어떻게 변했을지 궁금해 늘 돌아보곤 하였다. 좁은 골목들 사이로 아담한 한옥들이 옹기종기 키 재듯 모여 있던 마을의 모습은 당시의 생활상을 여실히 보여주었다. '돌밭'이라고 불렸던 석전동은 그 이름처럼 돌이 많았다는 유래가 있다. 지금은 대규모 아파트 단지가 들어서 많은 것이 사라지고 없지만 내게는 엊그제 본 것처럼 눈에 선하다.

낯선 길 위에서 돌아본 옛집은 내 기억 속에선 늘 그 모습 그대로다. 골목길 중간쯤 유난히 눈에 띄었던 파란 대문 집이 우리 집이었다. 다닥다닥 이어진 집들은 마루를 사이에 두고 서로 마주한 안방과 작은방이 여느 한옥처럼 정겨움을 자아냈다. 이웃집 담 너머로 옆집 가족들의 우당탕탕 싸움 소리도 엿듣고, 작은 푸성귀 하나로도 따뜻한 정을 나누었다.

우리 집 마당 한쪽 작은 화단에 철마다 수선화와 물망초, 제라늄들이 군락을 이뤄 필 때면 오가던 사람들이 갸웃거리며 놀러 오곤 하였다. 빛바랜 시간 속에서 친구들이 내 이름을 부르며 뛰어 들어와 막역하게 놀던 그 집이 가끔 꿈속에 나타났다. 이 세상에 변하지 않는 것이 있을까. 낡고 빛바랜 것들에 애착이 가듯 오래된 것들이 주는 편안함이 감성을 자극한다.

햇살 좋은 봄날, 그냥 한번 옛집을 찾아가 보기로 하였다. 그 집이 있다면 시간의 통로에 슬쩍 들어가 보고 싶었다. 그동안 몇 번이고 마음을 먹었다가 포기했는데 이제야 발걸음을 한 것이다. 버스에서 내려 골목으로 접어들면서부터 가슴이 뛰었다. 샛길로 이어진 길 중간마다 당시의 모습이 하나둘 사진처럼 스치고 지나갔다. 사람 사는 정이 물씬 풍기던 예전 동네 어귀에 서서 주위를 한번 둘러

집은 사람을 닮는다고 했던가.
그곳에 사는 사람들이 어떻게 가꾸는지에 따라
다양한 모습으로 거듭난다.
세월이 아무리 흘러도 집이라는 공간은
그 안에서 따뜻한 기억을 품고
지나온 시간을 추억하게 한다.

보았다. 도란도란 정겨운 사람들이 살던 집이 있던 곳은 내 예상대로 새 건물이 들어서 몰라보게 변해 있었다. 모두의 사랑방이었던 2층 건물 구멍가게와 맞은편 반찬 가게는 흔적도 없이 사라지고 없었다.

오래된 옛집을 찾는 일이 무슨 의미가 있을까. 낡은 것은 버리고 새것을 좋아하는 시대에 살다 보니 가끔은 그 시절이 그리울 때가 많다. 과거와 현재는 떨어져 있지 않고 언제나 나를 시간의 여행자로 만들어 주곤 한다. 이런저런 생각이 꼬리를 무는 사이 언뜻 어디선가 본 듯한 집 한 채가 눈에 들어왔다. 낡고 녹슨 대문과 낮은 기와, 지붕 밑 다락방의 작은 창문이 분명 내가 찾던 옛집이었다. 이웃집들은 거의 새로 지어졌거나 수리를 한 듯한데 신기하게도 이 집은 하나도 변하지 않고 옛 모습으로 거기 있었다. 그토록 와 보고 싶었던 꿈속의 집이 그대로 내 앞에 있다니 뭐라 말할 수 없는 감정이 밀려왔다.

어스름 해 질 무렵, 저마다의 집으로 향하는 사람들의 분주한 발걸음 소리가 아득하게 들렸다. 크리스마스 이브날 새벽에 "메리 크리스마스"를 나지막하게 부르던 사람들의 다정한 음성이 스치듯 지나갔다. 다락방 아래서 도란도란 수다를 떨던 연인들의 속삭임에 귀 기울이며 혼자서 키득키득 웃었던 날도 얼마나 많았던가. 헤아릴 수 없는 많은 것들이 과거에서 현재로 와 내게 진한 그리움을 전해주었다.

얼핏 열린 대문으로 집 안의 모습이 살짝 보였다. 어딘지 모르게 휑한 마당이 얼핏 눈에 들어왔다. 그 옛날 우물 옆 꽃밭에 피어 있던 꽃들도, 장독대에서 빛나던 장독은 어디로 갔는지 사람도 떠나고, 시간도 속절없이 흘렀다.

집은 사람을 닮는다고 했던가. 그곳에 사는 사람들이 어떻게 가꾸는지에 따라 다양한 모습으로 거듭난다. 세월이 아무리 흘러도 집이라는 공간은 그 안에서 따뜻한 기억을 품고 지나온 시간을 추억하게 한다. 은은하고 예쁜 꽃같이 뒤를 돌아보며 나를 반추하듯 그런 집에 오래도록 살고 싶어진다.

집은 온전히 나를 닮은 곳이라는 생각을 하며 말없이 옛집을 바라본다.

chapter 1

아름다운 손

누군가를 만나면 내가 제일 먼저 보는 것이 그 사람의 손이다. 손에는 그 사람이 살아온 인생이 담겨 있다. 못생기고 볼품없지만 사는 일에 최선을 다한 손이야말로 세상에서 가장 아름다운 손이다.

7월이 시작되고 며칠이 지난 날, 시누이의 다급한 전화를 받았다. "언니, 엄마가 종일 연락이 안 되어 걱정이에요. 한번 가 봐 줘요." 이른 저녁을 먹고 막 설거지하려던 걸 멈추고 서둘러 시댁으로 향했다.

어둠이 내려앉은 골목으로 들어서자 불을 밝히고 있는 이웃집들 사이에서 어머니의 집만 유일하게 불빛도 없이 컴컴했다. 지금껏 뭐 하시기에 아직 불도 안 켜 놓고 계실까. 오만 가지 걱정을 하며 마루 쪽으로 다가가 보니 어머니는 편안하게 옆으로 누워 주무시고 계신 듯 보였다. 종일 일하고 피곤하셔서 쉬는 중이려니 생각하며 다가갔다. "어머니, 일어나세요." 몇 번을 불러도 대답은커녕 전혀 미동이 없는 모습에 뭔가 이상한 느낌이 들면서 가슴이 덜컥 내려 앉았다.

차디찬 기운이 온 집 안에 맴돌았다. 평생 억척스레 일만 하시던 어머니가 먼 저승길로 떠나시다니 믿기지 않았다. 이승과 저승의 경계가 어디인지 몰라도 이렇게 갑자기 세상을 떠나시다니 너무 놀라 말문이 막혔다. 아침만 해도 밭에서 타작한 콩을 마당에 널고 계셨다는데 생각할수록 가슴이 아려왔다.

시댁은 층층시하 대가족이었다. 시집와 식구들을 챙기고, 사시사철 밭에서 평생 소일하며 사시던 어머니의 삶이 이제 막 끝이 난 것이었다. 한 사람의 인생이 이렇게 끝나버리다니 허무했다. 가녀린 체구로 힘겹게 지탱하던 삶의 무게를 이제는 좀 내려놓을 수 있을까.

여태껏 곁에서 지켜본 어머니는 노닥노닥 쉬는 걸 좋아하지 않았다. 날마다 밭고랑을 일구고, 마당을 쓸고, 채소를 다듬으며 손을 잠시도 쉬지 않았다. 닳아 없어진 지문을 가만히 쓰다듬으며 손바닥을 비비던 순박한 모습이 떠올라 눈물이 났다. 주름지고 앙상한 어머니의 손이 순간 내 눈에 들어왔다. 당신의 부지런함은 모두 그 손에서 나왔다. 철마다 온갖 풋것들을 쑥쑥 자라게 해 자식들의 입으로 들어갈 푸성귀를 다듬으며 행복해하셨는데 이제는 그런 호사도 사치가 될 것이다.

온기 없이 굳어버린 어머니의 손을 가만히 감싸 주었다. 뻣뻣한 손마디에서 생에 대한 갈구가 무언의 통증으로 느껴졌다. 자식들이 일을 하지 말라고 그렇게 당부를 해도 한사코 자기 뜻대로 농사를 짓느라 얼마나 힘드셨을지 절로 고개가 숙어졌다. 툭툭 불거진 손마디에 녹아 있는 세월의 흔적이 당신 삶의 훈장이라는 생각이 들었다.

조금씩 튀어나온 손가락 끝마디가 아파 일전에 병원을 다녀왔다. 의사는 내게 손을 쓰는 일을 하느냐고 물었다. 하루 중 가장 많이 움직이는 부위지만 이렇게 아플 정도로 쓰지는 않았는데 괜스레 멋쩍어졌다. 가만히 내 손을 내려다보았다. 한 번도 찬찬히 제대로 본 적이 없던 손의 이력이 마디마디에 남아 있는 것이 보였다.

손이 건강의 척도를 나타낸다는데 그동안 별 관심을 두지 않고 살아온 것에 미안한 마음이 든다. 양손을 마주 잡고 비비며 부드럽게 주물러 본다. 살아가는 동안 누군가에게 이렇게 따뜻한 온기를 전할 수 있으면 얼마나 좋을까.

"올해는 가지랑 오이가 잘 자랐구나. 많이 가져다 먹어라." 아픈 손으로 일군 푸성귀를 나눠 주는 재미로 사셨던 어머니의 쩌렁한 목소리가 자꾸만 귓가를 맴돈다. 이제는 어디에서도 볼 수 없는 어머니가 그립다.

chapter 1

담쟁이의 꿈

몇 해 전 우리 집 베란다에 담쟁이가 있었던 적이 있다. 산책하러 나갔다가 이제 막 순이 올라온 어린 가지를 가져와 한번 심어 보았던 것이다. 어디든 뿌리를 내리고 벽을 지탱해 올라가는 덩굴 식물의 위력을 보고 싶었다. 건물의 벽면에 바싹 붙어 자라는 걸 많이 봐 왔기에 집에서도 쭉 뻗어나가리라 믿으며 베란다 벽 쪽에 꽂아 두었다.

고층 아파트는 식물이 자라기 어려운 환경이어서 세심하게 신경을 써야 한다. 식물들이 서로 어울려 쑥쑥 자라는 걸 보는 것만으로도 기분 전환이 된다. 가끔 새로운 식물을 집으로 가져와 길러 보는데 한 번도 키워보지 않은 담쟁이를 가져왔으니 여간 관심이 가는 것이 아니었다.

하루하루 시간이 흐르고 무심해질 즈음 줄기를 뻗으며 베란다를 기어오르는 담쟁이가 내 눈에 들어왔다. 최상의 생육 환경이 아닌데도 꿋꿋하게 자리 잡아가는 모습이 신기해 자꾸만 들여다보았다. '한 뼘이라도 꼭 여럿이 손을 잡고 올라간다'는 도종환 시인의 시 구절이 생각났다. 혼자서는 못 오를 것 같던 높은 벽을 서로 손잡고 기어오르는 모습이 대견해 가만히 어루만져 주었다. 푸릇푸릇 잎을 키우며 두 갈래로 나뉘어 흰 벽에 그림을 그리는 품새가 마치 전쟁에서 이기고 돌아온 개선장군 같았다. 아무것도 없던 베란다 벽이 이들의 놀이터가 되었다. 연둣빛 덩굴손이 생명선이 되어 조금씩 위로 나아가는 담쟁이를 보는 즐거움이 늘어갔다.

이즈음 오랫동안 벼르던 집수리를 하게 되었다. 처음에는 몇 군데만 고치면 되겠지 했는데 집안 전체를 바꾸는 인테리어 공사로 일이 커져 버렸다. 한 군데도 남기지 않고 새로 바꾸다 보니 집안의 가구나 살림 등 많은 걸 교체하고 들어냈다. 집에서 키우는 화초들도 정리를 해야 했다.

문제는 베란다 벽에서 저 혼자 잘 살고 있는 담쟁이를 없애야 한다는 것이었다. 진딧물이 나와 끈적인다고 남편이 가끔 말하곤 했지만, 정이 들어 완전히 없애지 못하고 어떻게든 살려두고 싶었다. 힘겹게 자랐는데 막상 없애려니 서운하긴 했지만 어쩔 수 없이 제거하는 편이 낫다는 결정이 내려졌다.

있는 힘을 다해 담벼락으로 오르던
담쟁이의 꿈은 무엇이었을까.
어렴풋하게 담쟁이가 남기고 간 인연의 끈이
소리 없이 내 가슴으로 들어왔다.

잎이 무성한 담쟁이덩굴을 거두는 작업은 생각처럼 쉽지 않았다. 손으로 건드리기만 하면 툭하고 떨어질 줄 알았는데 벽에 붙어 있는 그의 생명 줄은 보기보다 강했다. 절대 떨어질 수 없다며 아우성을 치듯 힘껏 붙어 있는 덩굴손의 위력이 느껴졌지만 가지 끝을 어르듯 살짝 당겨 줄기를 떼어냈다. "살려 주세요. 살려 주세요." 하는 소리가 귓가에 들리는 것 같았다.

가녀린 몸에서 나오던 단단한 생명의 흔적이 후드득 미련 없이 떨어졌다. 쑥쑥 잘 자라고 있었는데 순식간에 이런 일을 당하다니 얼마나 놀랐을까. 그동안 공생하며 자라던 시간이 한꺼번에 사라져 버린 것이다.

요란한 집수리도 끝나고 아무 일 없었다는 듯 무심히 하루하루가 흘러갔다. 베란다 청소를 하다 벽에 희미하게 남아있는 담쟁이의 흔적을 언뜻 보았다. 개구리 발 모양을 닮은 담쟁이의 손자국이 하얀 벽에 그대로 남아 있었다. 페인트로 칠을 했는데도 저렇게 보이다니 한 뼘 두 뼘 기어오르던 모습이 눈에 선했다. 자연 속에서 마음껏 자라도록 놓아둘 걸 괜한 욕심을 부린 것 같아 괜스레 미안한 마음이 들었다. 하찮은 풀 한 포기도 소중하지 않은 것이 없다고 하는데 늘 조용히 제 길을 가는 담쟁이를 보며 인연은 사람과만 맺는 것이 아니란 생각이 들었다.

마을 앞 작은 교회 벽에 담쟁이덩굴이 무성하다. 봄, 여름을 지나 빨갛게 물든 잎들이 춤추듯 바람에 나풀거리고 있다. 가까이 다가가 손으로 만져 보니 가느다란 줄기가 제법 튼실하다. 있는 힘을 다해 담벼락으로 오르던 담쟁이의 꿈은 무엇이었을까. 어렴풋하게 담쟁이가 남기고 간 인연의 끈이 소리 없이 내 가슴으로 들어왔다.

chapter 1

육필 편지

옛사람이 남긴 서신이나 유명인의 서간집을 읽으면 진한 여운으로 울고 웃게 된다. 오직 한 사람을 생각하며 쓴 편지라는 걸 알기에 마주 대할 때면 그의 혼이 느껴져 자세부터 다소곳해진다. 차마 다하지 못한 말이 글로 남아 감동으로 와닿기 때문이다.

얼마 전 안동대 박물관에서 4백 년 전 원이 엄마가 쓴 한글 편지를 보았다. 이른 나이에 세상을 떠난 남편의 가슴에 얹은 이 편지는 다른 유품과 함께 오랜 세월 동안 묻혀 있다 발견되었다. 방송을 통해 알고 있었기에 보는 내내 뭉클함이 밀려왔다.

"둘이 머리 희어지도록 살다가 함께 죽자고 하셨지요. 그런데 어찌 나를 두고 당신 먼저 가십니까." 구구절절 하고 싶은 말은 한지 오른쪽 끝에서부터 왼쪽 끝까지 채우고도 모자라 다시 처음으로 돌아가 쓰였다. 남편을 향한 원망과 사랑이 잔잔한 어투로 담겨 있어 한참을 들여다보았다. 어린 자식과 살아갈 날을 걱정하며 그토록 사랑했던 지아비를 떠나보내는 마음이 얼마나 애통했을까. 원이 엄마의 편지는 오래도록 가슴을 덥혀 주었다.

　사람은 없고 형식뿐인 고지서가 넘쳐나는 세상, 기다림을 허락하지 않는 시대에 우리 마음을 설레게 하는 편지 한 통이 기다려진다. 보내는 사람도 받는 사람도 모두 행복하게 만드는 마법 같은 손 편지가 그리워지는 것이다. 짧은 문자 몇 마디로 쉽게 안부를 묻고 답하는 간결함보다 조금은 느리고 투박하게 안부를 묻고 싶어진다.

　아들이 군 입대를 하고 훈련소에서 자대 배치를 받기까지 약 한 달간 매일 아침에 편지를 써서 보냈다. 이른 아침에 아들의 방을 들여다보며 허전한 내 마음을 달래기 위해 쓰기 시작한 편지는 다양한 소식으로 가득했다. 낯선 곳에서 새로운 환경에 잘 적응하길 바라며, 날마다 가족의 이야기와 소소한 세상 소식을 아들에게 전했다.

　얼마 지나지 않아 아들에게서 첫 군사 우편이 왔다. 훈련병들의 일과와 근황을 상세히 적고 자기의 모습을 귀엽게 삽화하여 그린 그림은 가족에 대한 그리움이 가득 묻어 있었다. 평소 무뚝뚝했던 아들이 직접 편지를 쓰다니 반가움에 왈칵 눈물이 났다. 그 후로도 가끔 배달된 편지는 무료한 내 일상을 분홍빛으로 만들어 주었다.

우리 마음을 설레게 하는
편지 한 통이 기다려진다.
보내는 사람도 받는 사람도
모두 행복하게 만드는
마법 같은 손 편지가 그리워지는 것이다.

엄마와 아들의 소통이 지면으로 이어졌기에 반갑기만 했다.

  그때 서로 주고받았던 이야기들이 지금은 고스란히 추억으로 남았다. "엄마가 보내 주신 편지를 읽고 힘이 났어요."라며 하루하루를 잘 견디게 해 준 것이 내 편지였다는 말이 애틋하게 다가왔다. 시간이 꽤 지났는데도 다시 읽어보면 그때의 감정이 되살아나 싱긋 미소를 짓게 된다.

  누군가를 생각하며 한 자 한 자 정성 들여 사는 이야기를 적어 보내던 시절의 낭만이 그리워지는 요즘이다. L 수필가는 졸작인 나의 수필을 자신의 필체로 소담하게 필사하고 마른 들꽃을 붙여 예쁜 엽서로 보내 주었다. 나를 생각하며 지우고, 다시 고쳐 쓴 흔적이 엿보이는 그의 편지가 밋밋한 하루하루를 분홍빛으로 물들여 주었다. 가끔 꺼내 읽어보면 한 글자 한 글자씩 손으로 써 내려간 진심이 느껴져 보는 내내 기분이 좋아진다.

  남녘의 봄이 어느새 연둣빛으로 물들어 가고 있다. 푸릇푸릇 새봄이 반가울 즈음이면 나는 편지를 쓴다. 멀리 떨어져 있는 그리운 이에게 예쁜 우표를 붙이고, 마음 소인을 찍어 따뜻한 삶의 온기를 바람결에 실어 보낸다.

chapter 1

국밥 한 그릇

오랫동안 한자리에서 장사하는 노포 가게를 찾아다니는 MZ 세대들의 발걸음이 맛집 탐방으로 이어지는 요즘이다. 시장 골목에 자리한 단팥죽 집, 옛날식 탕수육과 짜장면이 맛있는 중국집, 달콤한 동네 빵집 등 메뉴도 다양하다.

수십 년간 한결같이 사람들의 입맛을 사로잡은 이들 식당은 그들만의 비법과 노력으로 명성을 계속 이어오고 있다. 레트로 감성을 덤으로 느끼게 해주는 노포에서 먹는 소박한 한 끼를 위해 몇 시간도 마다하지 않고 줄을 서서 기다리는 이유이기도 하다.

가끔 이웃 도시에 있는 국밥집을 자주 가는 편이다. 이곳은 사십여 년이 넘도록 변치 않는 맛이기에 손님들이 계속 찾아오는 곳이다. 이름이 알려진 맛집이 그렇듯 내부는 낡고 허름하다. 귀퉁이가 떨어져 나가고 칠이 벗겨진 작은 밥상은 볼 때마다 세월의 무게를 짐작하게 한다. 뒷사람과 등이 맞닿을 정도로 다닥다닥 붙어 앉아 국밥을 먹을 때면 불편하다기보다 이런 풍경이 오히려 정겨움을 줘 좋다.

주방과 홀이 경계 없이 이어진 식당 안은 날씨가 추운 겨울이면 뿌옇게 김이 서려 바깥과 안쪽의 구분이 분명하게 느껴진다. 큰 가마솥에서 뭉근하게 끓인 맑은 국물은 먹어보지 않아도 깊고 진할 것 같아 입안에 침이 고인다. 얼마나 많은 사람들이 이 집을 다녀갔을까. 담백하면서도 구수한 맛에 반하지 않을 수 없다.

어느 해 봄날, 친구에게서 전화가 왔다. 자상한 남편과 아들 둘을 두고 알콩달콩 사는 모습이 보기 좋았던 그녀였다. 한동안 연락이 뜸해 궁금하였는데 밥이나 먹자며 건네는 안부에 기꺼이 달려온 곳이 이 집이다. 늘 북적이던 식당은 손님이 뜸한 시간이어서 그런지 어느 때보다 조용했다. 소식이 궁금했던 친구의 얼굴을 보니 반가움에 손을 꼭 잡았다.

주인아주머니가 익숙한 손놀림으로 밥에 잘 삶긴 고기를 넣고 국물을 두어 번 토렴을 하여 내어 주었다. 잘 익은 무와 콩나물, 그리고 선지까지 들어간 국물을 한 입 떠먹으니 뜨끈함이 그대로 전해졌다. 몇 시간 푹 우려낸 육수의 진한 맛이 입으로 들어와 가슴을 데워주었다.

사는 일이 힘들고 지칠 때
허허로운 마음을 달래주는 것은
따뜻한 밥 한 끼라는 걸
그때 절실히 느꼈다.

친구가 갑자기 울컥 눈물을 쏟았다. 남편이 퇴근길에 교통사고를 당해 홀연히 저세상으로 가 버렸다는 게 아닌가. 그동안 잘 살고 있는 줄 알았는데 순간 가슴이 쿵하고 내려앉았다. 사랑하는 사람을 떠나보내고 삶과 죽음의 경계에서 얼마나 힘들었을지 감히 상상이 되지 않았다. 남편이 즐겨 먹던 동네 국밥집 생각이 난다며 말을 잇지 못하는 모습이 애잔해 나도 눈시울을 붉혔다.

마주 앉아 편하게 밥 먹을 친구가 필요했는데 그 사람이 내가 되어주어 고맙다는 말을 하며 이제는 조금씩 추스르고 있다고 하였다. 그녀에게 밥 친구가 되어 줄 수 있다는 것만으로도 다행이라는 생각이 들었다. 그날 우리는 국밥 한 그릇을 앞에 두고 진심이 담긴 위로를 나누었다. 사는 일이 힘들고 지칠 때 허허로운 마음을 달래주는 것은 따뜻한 밥 한 끼라는 걸 그때 절실히 느꼈다.

겨울이 끝나가는 즈음 국밥을 먹으러 한걸음에 달려온 이들이 길게 줄을 서 있다. 입김을 호호 불며 서 있는 얼굴에는 추위쯤은 거뜬히 이길 수 있다는 비장함이 엿보인다. 맛있는 음식을 먹기 위해 찾아왔으니 기다림은 당연하다는 듯 앞뒤 사람들과 이야기꽃을 피우는 모습이 정겹다. 그들 틈에서 오늘도 따뜻한 국밥 한 그릇 먹을 생각에 마음이 푸근해진다.

재료는 소박하지만 결코 가볍지 않은 음식, 국밥 한 그릇 먹고 나면 얼었던 내 마음도 사르르 녹을 것 같다.

chapter 1

망향대에서

망향대가 있는 강화도 속의 작은 섬 교동도에 가 보았다. 낯선 곳에서의 여정은 늘 새로움과 기대로 가득하다. 차가운 겨울바람을 맞으며 가족들과 오붓하게 나선 길이었다. 교동도는 한국 전쟁 때 황해도 연백에서 피난을 와 돌아가지 못하고 정착한 실향민들이 살고 있는 곳이다.

"필승!" 교동대교 앞에서 해병이 경례를 하며 차를 세웠다. 북한이 지척에 있어서인지 출입신고서를 적고 신분을 확인하는 간단한 절차를 거쳐야 들어갈 수 있었다. 예전에는 정해진 시간에 배로만 들어가야 할 정도로 접근이 쉽지 않았는데 지금은 교동대교가 생기면서 출입이 훨씬 수월해졌다. 잠깐 동안이지만 분단의 현실에 긴장이 되었다. 바람 한 점 없는 바다는 잔잔히 흐르고, 드넓게 펼쳐진 들판엔 겨울 철새들이 후두둑 날아갔다.

시간이 멈춘 듯 옛 추억을 간직한 작은 읍내에는 이른 시각인데도 사람들이 제법 많았다. 교동제비집과 대룡시장, 교동읍성 등 교동도에 오면 둘러봐야 할 곳이 여러 군데가 있다. 망향대는 실향의 아픔을 달래는 장소로 교동도에 오면 꼭 찾아봐야 하는 곳이다. 시간 여행자가 된 듯 좁은 마을 길을 지나 망향대로 들어섰다.

'고향에 가고 싶다'라고 쓰인 현수막을 바라보니 뭐라 말할 수 없는 먹먹함이 밀려왔다. 고향을 그리워하는 마음에 전망대로 올라갔다. 망원경 렌즈로 바라본 연백 땅은 직선거리로 3킬로밖에 되지 않아 손을 뻗으면 금방이라도 닿을 듯했다. 날씨가 좋아서인지 작은 렌즈 속의 마을은 조용하고 평화로워 보였다. 가끔 사람들이 보이곤 했지만 이내 아무 일 없다는 듯 사라졌다. 눈앞의 고향을 바라보기만 하고 가지 못하는 마음이 얼마나 아플까.

망향대에 서 있으니 내 나이 스물여섯에 돌아가신 아버지의 모습이 고향 집 작은 마당과 오버랩되어 나타났다. 고향이 철원인 아버지는 한국 전쟁이 발발하자 고향 집을 지켜야 한다며 남아 계시던 부모님을 두고 전쟁터로 가야 했다. 혹독한 전쟁이 끝나고 조금씩 일상을 회복하였지만 고향은 이미 폐허가 되어 돌아갈 수 없었다. 부모님은 모두 돌아가시고, 형제들도 뿔뿔이 흩어져 한동안 이산의 아픔을 겪으셨다. 나는 어려서 잘 몰랐지만 그때의 상실감이 오래

바쁘게 살다가 잠시 쉴 수 있는 안식처 같은 곳,
내게 있어 고향은 따뜻하고 포근한 기억이다.
살면서 힘들 때 언제라도 돌아갈 수 있는 곳이 있다는 것은
크나큰 축복이다.

도록 아버지를 힘들게 하였다고 훗날 가끔씩 이야기하곤 하셨다.

아버지에게 제2의 고향이 되어준 주문진은 어머니와 결혼을 해 새로운 인생을 시작한 곳이다. 사람이 한평생을 순탄하게 산다면 그것보다 축복받은 일은 없을 것이다. 직업 군인으로 오래 근무를 하다 의도치 않게 어부의 길을 걸어야 했던 아버지의 삶은 이후 그리 녹록지 않았다. 어머니는 비바람이 거세게 부는 날엔 바다를 누비며 고기를 잡으러 나가신 아버지가 걱정이 되어 뜬눈으로 밤을 지새웠다. 거친 파도에 몸을 맡기고 분투하실 모습을 떠올리며 얼른 집으로 돌아오기를 기다리다 보면 어스름 새벽이 밝아왔다.

어머니는 밤새 고생하고 돌아올 아버지를 위해 따뜻한 된장찌개를 끓이는 것으로 새로운 아침을 맞이하였다. 몸도 마음도 지쳤을 당신의 허기를 달래줄 소박한 아침 밥상을 차리는 모습이 어린 내 눈에 그렇게 경건할 수가 없었다. 밤사이의 풍랑이 잠잠해질 즈음 우리 형제들 이름을 부르며 아버지가 집으로 들어오시면 그제야 안도의 한숨이 나왔다. 고향의 하루는 언제나 맑았다가 흐렸지만 가족들이 서로 품어주고 안아주며 살았기에 행복한 날들이었다.

겨울바람이 불기 시작했다. 옷깃을 여미고 다시 길을 나섰다. 내 고향 주문진에 봄이 오면 머지않아 복사꽃이 흐드러지게 필 것이다. 그러면 발걸음 가볍게 깊고 푸른 바다가 넘실대는 주문진으로 가야겠다. 고향을 떠나온 지 몇십 년이 흘렀는데도 그곳을 생각하면 늘 가슴이 설렌다. 마음만 먹으면 금방이라도 갈 수 있다지만 생각처럼 쉽게 갈 수가 없기에 애틋하게 다가온다.

바쁘게 살다가 잠시 쉴 수 있는 안식처 같은 곳. 내게 있어 고향은 따뜻하고 포근한 기억이다. 살면서 힘들 때 언제라도 돌아갈 수 있는 곳이 있다는 것은 크나큰 축복이다. 천천히 시간이 흐르는 망향대에서 아버지의 온화한 미소를 그려본다.

chapter 1

설레지 않으면 버려라

 집안 정리를 해 보려고 막상 시작하면 이런저런 난관에 부딪힐 때가 많다. 가구는 다시 어디에 배치하고, 물건은 어느 자리에 놓아야 좋을지 번번이 고민을 하게 된다. 그냥 마음 내키는 대로 아무 데나 두고 살면 좋으련만 그러기엔 갈수록 쌓여 가는 집안 살림으로 늘 어수선하다.

 깨끗하게 정돈된 심플한 공간을 만들고 싶어도 쓸데없는 집착 때문에 선뜻 행동으로 옮기지 못했는데 이참에 도전해 보기로 하였다. "추억이라는 이름으로 물건을 쌓으면 안 돼요. 신발이든 옷이든 정말 간직하고 싶은 한 가지만 두세요. 물건이 없다고 해서 추억이 사라지는 것이 아닙니다." 곤마리의 정리법을 떠올리며 집안 공간마다 구역을 정해 놓고 하나씩 정리를 시작했다.

쓰지도 않으면서 쌓아 놓은 것들이 여기저기서 툭툭 튀어나왔다. 여러 날을 치우다 보니 사람에게 필요한 물건이 이렇게 많은지 새삼 놀랐다. 결혼할 때 혼수로 가져온 그릇들이 한 번도 쓰이지 않고 그대로 있다는 걸 이제야 알았다. 소중하다고 아끼느라 제대로 못 써 보고 세월만 쌓인 것이었다. 무겁고 투박한 그릇들을 버려야겠다고 하면서도 손에서 놓기가 힘들었다. 당시 어머니가 이걸 장만하느라 얼마나 애쓰셨는지 알기에 애지중지한 것이다.

불필요한 것을 버리고 단순하게 살려는 미니멀 라이프가 대세라고 한다. 안 쓰는 물건을 버려야 새로운 공간이 하나 생긴다는 걸 알면서도 실천이 어려운 것이 현실이다. 아는 분이 전축을 하나 구입해 레코드판을 사 모으고 있다는 얘기를 하였다. 새로운 제품이나 기술에 관심을 많이 가지는 것이 요즘의 일상인데 레트로 감성을 살리기에 그만한 것은 없다.

문득 몇 년 전에 음악 듣기를 좋아해 비싸게 구입한 명품 전축을 집 정리를 하면서 내다 버린 일이 떠올랐다. 놓아둘 자리가 부족하다는 것이 이유였는데 지나고 보니 좀 더 생각해 봤더라면 하는 아쉬움이 컸다. 시대가 아무리 변해도 아날로그 감성은 따라올 수 없다는 걸 그때는 왜 몰랐을까. 빙글빙글 레코드판이 돌아가는 동안 눈을 감고 노래를 감상할 수 있어 좋았는데 그 재미를 잃어버린 것 같아 한동안 공허함이 밀려왔다. 무작정 버리는 것이 최선의 선택이었는지 어떤 걸 버리고, 남기느냐는 언제나 어려운 숙제 같다.

한동안 집안 여기저기를 치워 나갔다. 옷장 속에 걸려 있는 옷부터 사소한 물건들 하나까지 세세히 살피며 정돈을 이어갔다. 시간이 지날수록 무엇이 중요한지 그에 따라 쓰임새를 챙기게 되었다. 물건을 버리고 나니 여유 공간이 생기고, 틈새가 넓어져 마음도 넉넉해지는 기분이 들었다. 하나를 구하기 위해 하나를 버리는 연습, 어쩌면 어려우면서도 가장 쉬운 일이었다.

물건의 쓸모에 염두를 두고 치우는 동안 문득 정리는 물건만의 일이 아니란 생각이 들었다. 살다 보면 사람으로 인해 상처를 받기도 하고 상처를 주기도 한다. 너무 많은 일과 사람들을 끌어안고 산 건 아닐까. 지금까지 살아오면서 이런저런 연유로 인연을 맺은 이들이 헤아릴 수 없지만 한 번쯤 그 인연을 돌아봐야 할 때인 것 같다.

좋은 관계는 일방적으로 주지 않고, 서로 주고받는 것이다. 미니멀 라이프는 물건만 버리라는 것이 아니다. 정리와 정돈, 그리고 청소의 과정을 거치는 집 정리처럼 불필요한 관계에 집착하지 말고 소중한 사람들에게 더욱 진심으로 다가가야겠다. '설레지 않으면 버리라'는 곤도의 말을 생각하며 오늘 만나는 사람들이 아름다운 시절 인연이 되기를 바라본다.

Park
Gwiyeong
Essay

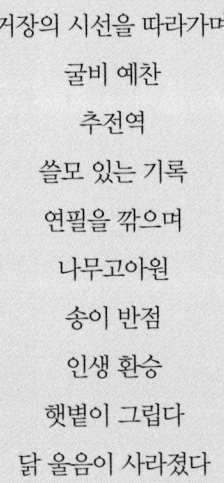

거장의 시선을 따라가며

굴비 예찬

추전역

쓸모 있는 기록

연필을 깎으며

나무고아원

송이 반점

인생 환승

햇볕이 그립다

닭 울음이 사라졌다

chapter 2

거장의 시선을 따라가며

 국립중앙박물관에서 열리고 있는 영국 내셔널갤러리 명화전을 보았다. 국내에서 최초로 공개하는 〈거장의 시선, 사람을 향하다〉는 오픈 전부터 세간의 관심을 모았다. 굳이 영국까지 가지 않아도 귀한 작품을 감상할 수 있다는 소식에 아들과 함께 시간을 냈다.
 종교와 신화에서 비롯된 그림들이 사람으로 향해 가는 과정을 볼 수 있다는 기대여서일까. 전시장에 도착하니 이미 많은 사람들이 잔뜩 상기된 표정으로 입장 시간을 기다리고 있었다. 그들 틈에서 편안한 관람을 위해 오디오 가이드 기기를 대여했다. 나만의 도슨트가 되어 줄 이 작은 기계가 귀로 듣고 눈으로 보는 최적의 관람 안내자가 되어 주리라 믿으며.

전시장에 들어섰다. 예술가들의 삶을 따라가는 여행이 시작된 것이다. 장엄한 음악과 함께 '화가는 그의 마음과 손에 세계를 담고 있다.'라고 쓴 레오나르도 다빈치의 글이 눈에 들어왔다. 어려우면 어려운 대로, 이해할 수 없으면 그냥 보이는 대로 미술 작품을 하나씩 감상하기로 하였다.

르네상스부터 인상주의까지 다양한 인물의 모습과 생활을 다룬 작품들이 나의 발길을 멈춰 세웠다. 보티첼리와 라파엘로의 작품에 이어 우아하고 섬세한 질감을 잘 표현한 모로니의 초상화까지 마주하는 그림마다 품격이 느껴졌다. 교과서에서 보던 작품들이 선명한 색감과 어우러져 화려함의 극치를 이루며 공간을 가득 메웠다.

이번 전시회의 포스터 작품인 '도마뱀에게 물린 소년' 앞에는 예외 없이 사람들이 많이 모여 있었다. 어린 소년이 과일을 먹으려는데 도마뱀 한 마리가 손을 물어버려 얼른 손가락을 빼는 순간의 포착이 시선을 끌었다. 탐스러운 과일에 손을 댔다 도마뱀에게 물려 애걸하듯 쳐다보는 눈망울이 강렬하였다. 평소 내가 좋아하는 화가인 빛의 거장 '카라바조' 그림을 가까이서 보게 되어 감동이 몇 배로 더해졌다. 가난한 화가였던 그가 헐값에 판매한 작품이 '도마뱀에게 물린 소년'이라는 걸 알고 보니 작은 디테일 하나까지 눈에 들어왔다.

지난가을에 보았던 '두 번째 스물' 영화가 떠올랐다. 이 영화는 제목처럼 두 번의 스무 살을 지나 사십 대가 된 두 남녀의 첫사랑 재

회를 담고 있다. 이탈리아 토리노에서 우연히 다시 만난 둘의 여정이 곳곳의 미술관을 돌아보며 이어진다. 영화에는 중간중간 여주인공 민하가 첫사랑 연인인 민구에게 도슨트가 되어 카라바조의 작품을 설명하는 장면이 나온다. 피렌체, 토스카나 등 여러 도시를 다니는 동안 화가의 작품을 다양하게 감상할 수 있어 보는 내내 색다른 즐거움을 주었다. 마침 내셔널갤러리 명화전에서 그의 작품을 처음으로 선보인다는 걸 알고 있었기에 더욱 세세히 살펴보았다.

관람 순서를 처음부터 보거나 뒤에서 거슬러 보아도 감동이 물밀듯이 밀려왔다. 전시는 라파엘로의 '세례자 요한과 함께하는 성모자'에 이어 토마스 로렌스가 그린 '레드 보이'로 계속 이어졌다. 붉은 벨벳 옷을 입은 미소년의 모습을 조심스럽게 사진으로 담았다. 눈망울이 아름다운 이 소년은 결핵으로 세상을 떠났다니 애틋하기만 하다.

렘브란트의 자화상 시리즈 중 마지막 작품인 '63세 자화상' 앞에서 가던 걸음을 멈추었다. 조용히 두 손을 모으고 가만히 관조하는 눈빛에서 삶을 있는 그대로 받아들이려는 편안함이 느껴졌다. 화가와 서로 마주 보고 무언의 대화를 나누는 즐거움이 이런 것일까. 모든 것을 잃고 더 이상 아무것도 바랄 것이 없다는 듯 체념한 얼굴이 어쩐지 슬퍼 보였다. 자신의 마지막을 담담하게 그려낸 렘브란트의 고뇌가 고스란히 전해져 왔다. 차별 없이 누구나 쉽게 예술을 접하도록 한 내셔널갤러리의 노력이 미술의 대중화를 이끌어냈다는 걸 이번 전시회를 통해 실감했다.

　모네, 반 고흐, 고야, 터너 등 우리에게 친숙한 화가들의 그림을 느긋하게 천천히 돌아보는 동안 예술의 힘이 대단하다는 생각이 들었다. 거장의 시선을 따라가 보니 거기에는 사람이 오롯이 남아 있었다. 예술은 결국 사람과 사람 사이를 잇는 행복한 선물이었다.

　오랜만에 그림의 숲에 풍덩 뛰어들어 메마른 마음을 위로받은 기분이 들었다. 기회가 된다면 영국 내셔널갤러리에 아들과 직접 가서 그 감동을 다시 느껴보고 싶다. 찰나를 놓치지 않고 일상의 기록을 화폭에 담아낸 화가들의 삶 속으로 한 발짝 걸어가 봐야겠다.

chapter 2

굴비 예찬

 국립현대미술관에서 〈박수근: 봄을 기다리는 나목〉 전시회가 열렸다. 잎을 모두 떨군 겨울나무, 나목은 쓸쓸하지만 그 안에 깃들어 있는 것은 강인한 생명감이다.
 꾸덕꾸덕 잘 말린 굴비 두 마리가 서로 몸을 포개어 입을 앙다물고 누워 있는 그림 앞에 멈춰 선다. 하드보드지에 중후한 질감으로 투박하게 그린 굴비는 보면 볼수록 정감이 간다. 화가가 은사와 지인에게 명절 선물을 하고 싶어도 궁핍한 살림에 굴비를 보낼 수 없어 실물 대신 그림을 그려 보냈다는 것이다. 나는 많은 생선 중에 굴비에 대한 추억이 많아서인지 유독 눈길이 오래 머문다.
 어릴 때 비위가 약해서 반찬 없이 그냥 물에 밥을 말아 먹는 날이 부지기수였다. 특이한 냄새가 조금이라도 나면 억지로 먹지 않고 그냥 숟가락을 내려놓을 정도로 음식에 대한 거부감이 많았다. 그래서인지 어떻게 해서라도 내 입맛을 돋우려고 어머니는 가끔 시장에서 굴비를 사 오곤 하셨다. 연탄불 위에서 뿌옇게 연기가 피어오르는 저녁, 기름방울을 떨구며 굴비가 노릇하게 구워지면 온 동네에 맛있는 냄새가 진동했다.

이렇게 구워진 굴비가 어찌 맛이 없을까. 조심스럽게 속살을 한 점 찢어 입에 넣으면 바다의 짠맛과 해풍이 입안에서 확 살아났다. 먹을 것이 풍족하지 않던 시절에 내 입맛을 단숨에 사로잡은 이 작은 생선을 좋아하지 않을 수 없었다. 고려 시대 이자겸이 유배를 와 말린 조기를 먹어보고 탄복하여 임금님께 진상하면서 자신의 뜻을 굽히지 않겠다는 의지를 보여줬다던 굴비가 아니던가. 먹을 때마다 절로 미소가 지어졌다.

지난봄, 법성포에 다녀왔다. 영광군 법성포는 맛있는 굴비 산지로 유명한 곳이다. 칠산 앞바다에서 잡은 조기를 소금으로 간을 해 보독보독하게 말린 굴비는 봄맛을 제대로 느껴보기에 제격이다. 햇볕과 바람이 빚은 시간의 결정체이다.

굴비 모양을 한 다리와 굴비골 농협, 굴비골 마트 등 이름도 이색적이어서 머무는 내내 즐거움을 주었다. 도로 옆 조형물에 매달려 있는 굴비 한 마리가 자린고비의 유래를 알려주듯 정겹다. 간절하게 먹고 싶은 걸 먹을 수 없다면 얼마나 애가 탈까. 맛있는 걸 실컷 먹는 것도 행복한 일이라는 생각이 들었다.

해풍에 젖은 몸을 말리며 사열하듯 매달려 있는 굴비를 사기 위해 왁자하게 흥정을 하는 사람들의 모습이 정겹다. 그 틈에 나도 한 상자를 샀다. 서해를 누비던 조기가 환골하여 귀한 자태를 뽐내고 있는 모습이 한눈에 봐도 정갈해 보였다. 전분을 살짝 묻혀 기름에 노릇하게 구워 먹거나 쪄 먹어도 맛있겠다. 아니면 살을 발라 찹쌀 고추장을 넣어 만든 굴비장아찌도 만들어야지. 재료가 좋아 무얼 하든지 맛있는 한 끼를 먹을 수 있으니 벌써부터 설렜다.

이곳에 왔으니 제대로 된 굴비 한 상 받아 보려고 근처 식당에 들어갔다. 간장게장과 삼합, 갖가지 재료들로 만들어 낸 반찬들은 굴비의 조연처럼 풍미를 더해 주었다. 보리굴비는 시원한 녹차 물에 밥을 말아 먹어야 제맛을 느낄 수 있다. 하얀 쌀밥에 손으로 찢은 굴비 살을 얹어 먹으니 숙성이 잘된 참조기의 향이 입안에서 가득 느껴졌다.

조기가 굴비로 변모하기까지는 오랜 기다림과 숙성이 필요하다. 하루하루 내게 주어진 삶도 단번에 깊어지지 않는다는 걸 느낀다. 짭조름한 바다의 맛, 뭉클한 추억이 다시 떠오르는 한낮이다.

chapter 2

추전역

　태백에서 정선으로 가는 길에 우연히 눈에 띈 '추전역' 안내판을 보고 차를 돌렸다. 목적지를 정하지 않고 떠난 여행에서 우연히 만난 간이역은 언제나 나의 발걸음을 재촉한다.
　싸리밭을 뜻하는 '추전秋田', 그 이름처럼 역으로 올라가는 초입부터 굵은 싸리나무가 우뚝 서 있다. 어린 시절에 마당을 쓸 때 사용하던 빗자루나 잘못한 일이 있을 때 손바닥을 맞던 싸리나무가 아니던가. 산에 불을 놓아 작은 밭을 일구며 살던 화전민들이 거주하던 싸리골이라더니 사방이 싸리나무 군락지다.
　이른 아침, 어제의 열기가 식은 듯 좁은 도로에 간간이 바람이 분다. '한국에서 가장 높은 역'이라는 타이틀이 아니라도 이곳은 대관

령 고갯길과 높이가 비슷하다는 곳이다. 호황을 누리던 석탄 산업이 저문 탓인지 건물마다 잿빛 탄가루 자국만 흐릿하게 남아 있는 풍경이 을씨년스럽다.

적막이 감도는 길을 따라 천천히 오르니 코레일 깃발이 펄럭이는 것이 보인다. 해발 855미터, 함백산과 매봉산에서 부는 고랭지 바람이 알록달록 바람개비 꽃을 돌린다. 이토록 높은 곳에 작은 역이 있다니 반가움에 발걸음이 빨라진다. 정선의 아우라지역이나 나전역과는 다르게 단정하고 소박한 모습이다.

세상과 단절된 듯한 고요함이 먼저 우리를 반긴다. 도시의 소음과 분주함에서 벗어나 오롯이 나를 마주할 수 있는 공간 속으로 들어온 느낌이다. 찾아오는 사람이 없는 간이역의 플랫폼은 어쩐지 쓸쓸하고 외로워 보인다.

광산에서 채굴된 석탄을 운반하는 작은 열차인 광차가 추전역의 역사를 보여주듯 자리를 지키고 있다. 태백에서 생산되는 석탄을 조금이라도 더 빨리 실어 나르려고 만든 태백선이 아니던가. 교통의 오지였던 이곳에 무연탄을 수송하는 철도를 깔고 추전역을 만들었던 당시의 모습이 어렴풋하게 그려진다. 석탄 산업의 호황으로 외진 산골에 기차가 다녔으니 당시 추전역이 한 줄기 생명선이었을 것이다.

'추전역 쉼터'라고 씌어 있는 역 대합실로 들어가 본다. 벽면에 지역 풍경과 이곳의 사계절이 담긴 사진이 걸려 있다. 한쪽에 놓인 방

어느 겨울날에 다시 온다면
키 큰 싸리나무에 내려앉은 하얀 눈을
손으로 툭툭 털어내 주고 싶어진다.
모두가 떠나고 홀로 남은 역에서
다시 돌아올 기약을 남겨둔다.

명록에 다녀간 사람들이 제법 있었는지 저마다 몇 마디씩 써 놓았다. 누군가는 이곳에 와서 인사를 남기고, 누군가는 여기에서 외로움을 달래고 간 흔적이다. 나도 '꼭 한번 와 보고 싶었다.'는 한 줄 인사를 살짝 적어 두었다.

철로를 보수하고 있는 인부들이 눈에 들어왔다. 오가는 사람이 드물어서인지 반갑게 인사를 나눴다. 기차가 서지 않지만 열차 관련 업무는 해야 한다고 하였다. 그 모습을 보니 자기의 본분을 다하고 있는 추전역과 닮았다는 생각이 든다. 기차역으로서 소임을 다한 폐역이지만 새로운 삶의 지평을 열어가도록 녹슬고 헐거워진 기찻길을 조이는 것 같다.

철길 건너 싸리나무가 눈에 들어온다. 어느 겨울날에 다시 온다면 키 큰 싸리나무에 내려앉은 하얀 눈을 손으로 툭툭 털어내 주고 싶어진다. 모두가 떠나고 홀로 남은 역에서 다시 돌아올 기약을 남겨둔다.

"잠시 후 우리 열차는 추전역, 추전역에 도착하겠습니다. 즐거운 여행 되십시오." 그 옛날처럼 정겨운 안내 방송과 함께 기차가 멈추면 이곳에 사람들이 내리고 머물다 가기를 상상해 본다.

떠날 때와 돌아올 때의 간극을 만날 수 있는 것이 여행의 참맛이다. 하늘 아래 첫 기차역, 추전역이 햇살을 받으며 환하게 손을 흔들고 있다.

chapter 2

쓸모 있는 기록

 책을 읽으며 한 자 한 자 정성스럽게 따라 적는 일은 눈으로 읽을 때보다 몸과 마음이 차분해지는 효과를 준다. 무엇이든 매일매일 꾸준히 기록을 해 두면 사라져가는 기억을 오래도록 남길 수 있다는 매력이 있다. 생각의 실마리를 담아두는 필사는 여러모로 쓸모가 있다.
 내가 살고 있는 마을에서는 해마다 음력설이면 백수白壽를 넘기신 어르신들께 인사를 드리러 가는 풍습이 있다. 고령의 연세 때문에 병원에 계시는 분들이 대부분이지만 한 분씩 찾아뵐 때마다 뭉클한 감동을 받고 오곤 한다. 이웃 아파트에 살고 계신 할머니는 백한 살의 연세가 믿기지 않을 정도로 건강한 분이셨다. 3대가 함께

단란하게 살고 있어 주위의 귀감이 되고 있다는 이야기를 들어서인지 가기 전부터 궁금하였다.

어르신은 백한 살의 연세에 《조선왕조실록》을 필사하셨다고 하니 그 일이 얼마나 대단한 것인지를 직접 보고 싶었다. 《조선왕조실록》은 조선 시대 제1대 태조부터 제27대 순종까지 역대 임금들의 기록을 편찬해 놓은 책이다. 그 양이 방대해 끝까지 읽기도 쉽지 않은 책인데 할머니께서 꾸준하게 적어 오셨다니 놀라지 않을 수 없었다.

작고 여린 체구에 조금의 흐트러짐도 없는 할머니의 모습을 뵈니 절로 경건한 마음이 들어 엎드려 절을 올렸다. 꼿꼿하고 올곧은 자태가 과연 어디서 오는 걸까 싶었다. 방에 들어서자 작은 앉은뱅이 책상과 그 위에 두어 권의 노트가 놓여 있었다. 손때 묻은 공책 한 권을 조심스럽게 펼쳐 보았다. 할머니는 《조선왕조실록》을 읽고 적는 것으로 하루를 시작한다며 정신이 맑으면 몸도 그 기운을 받아 강건하다는 말씀을 해 주셨다.

> 규장각을 설치하고, 인재를 모아 학문을 진흥하게 하였다. 임금은 경연을 자주 열어 학문을 토론하였고, 신하들의 의견을 경청하였다.
> ―《정조실록》즉위년(1776년) 4월 13일

할머니의 필사본은 그냥 책을 베껴 적은 것이 아니라 역사를 제

책을 읽으며 한 자 한 자 정성스럽게 따라 적는 일은
눈으로 읽을 때보다 몸과 마음이 차분해지는 효과를 준다.
무엇이든 매일매일 꾸준히 기록을 해 두면
사라져가는 기억을 오래도록 남길 수 있다는 매력이 있다.

대로 알고 배워야 하는 이유를 보여주듯 세세하게 기록이 되어 있었다. 조선시대 국왕의 일상부터 서민들의 생활까지 적어 놓은 실록이 할머니의 손끝에서 다시 살아난 것 같았다. 정규 교육을 제대로 받지 못했지만 어렵사리 한글을 배워 글을 읽고 쓰게 되었다며 수줍게 웃으시는 모습을 보니 뭉클함이 느껴졌다.

또 다른 공책을 펼쳐 보니 가족의 대소사가 날짜순으로 꼼꼼하게 적혀 있었다. 하루의 일을 간단하게라도 적어 두어 시간이 지나 들추어 보면 무슨 일을 했는지 금방 알 수 있다고 며느리가 귀띔을 해 주었다.

지금은 고인이 되셨지만 당시 그분을 뵙고 온 일행들은 그날의 감동을 두고두고 이야기하였다. 항상 자신을 일깨우고자 했던 할머니의 일생이 담겨 있는 낡은 공책은 한동안 내 가슴을 뛰게 했다. 책을 필사하거나 간단한 메모를 하는 일은 결국 손으로 글을 써 남긴다는 의미를 내게 전해 준 셈이다.

'이 세상에 쓸모없는 기록은 없다.'는 말이 있다. 어떤 내용을 들은 순간에는 절대 잊어버리지 않을 것 같아도 몇 시간이 지나면 기억이 나지 않아 당황한 적이 누구에게나 있을 것이다. 작은 일이라도 주의를 기울여 외우지 않으면 사라진다. 쏜살같이 지나가는 삶을 그냥 허투루 흘려버리지 않고 글로 적어 두는 것은 부지런해야 할 수 있는 일이다.

사람의 기억은 눈으로 볼 때와 들을 때에만 기억된다고 한다. 평생 손에서 공책을 놓지 않았던 할머니의 모습을 떠올리며 오늘도 시간의 흔적을 기록으로 남긴다. 사소한 것을 하나씩 적어 두는 것은 나의 기억을 한곳에 모아 두는 작업이다.

　머릿속에서 가물거리는 기억을 확실하게 붙잡아 주는 기록, 언젠가는 쓸모 있는 나의 기억이 될 것이다.

chapter 2

연필을 깎으며

　어느 강연회에 갔다가 연필 한 통을 선물 받았다. 한 손에 잡히는 원통 모양의 미니 연필통이었다. 재생종이로 만든 친환경 에코연필이라니 환경도 생각하면서 쓰기에 더없이 좋을 것 같다. 알록달록한 다섯 자루의 연필은 길지도 짧지도 않은 크기여서 가방에 쏙 넣고 다니면 요긴하게 쓰일 것이다.
　연필은 내가 가장 아끼는 문구다. 책을 읽을 때 밑줄을 그어가며 중요한 부분에 표시를 하기엔 이만한 것이 없다. 시간이 흘러 그 책을 다시 읽어 볼 때 밑줄 친 부분이 한눈에 쏙 들어와 다시 새기며 읽기 좋다. 글을 쓸 때도 짧은 메모를 종이에 빠르게 쓰는 기분을 만끽하게 해 줘 든든하다.

손가락에 힘을 꽉 주고 연필심에 침을 발라가며 또각또각 받아쓰기를 할 때, 열심히 공부하는 기분이 들어 어깨가 으쓱했던 어릴 적 동심이 그리워진다. 예전에는 초등학교에 들어가면 제일 먼저 준비하던 필기구가 연필이었다. 요즘에야 샤프펜이나 볼펜을 쓰는 것이 일상화되었지만 당시엔 필통에 잘 깎여진 연필이 가지런히 들어 있으면 왠지 부자가 된 것 같았다. 학교에서 상을 받거나 소풍 가서 보물을 찾을 때면 연필 한 다스와 공책이 상으로 주어졌을 정도로 최고의 선물이었다.

몽당연필을 잃어버려 책상 밑이나 가방 속을 뒤지던 일도, 저녁상을 물리고 나면 아버지가 정교한 솜씨로 동아연필을 깎아주시던 것도 이젠 추억의 한 장면이 되었다. 아버지가 내게 그랬던 것처럼 나도 아이들의 필통을 날마다 살피던 때가 있었다. 연필이 그새 얼마나 닳았는지 작은 문구용 칼로 뭉툭해진 연필심을 깎고 다듬어주던 일이 하루의 재미였다. 책상에 앉아 공책에 한 자 한 자 힘을 주며 글씨를 쓰던 아이들의 모습을 보며 아버지도 내 마음과 같았을 거란 생각이 들었다.

400여 년의 역사를 지니고 있는 연필은 오랜 역사만큼이나 이름난 작가와 예술가들에게 영감을 주고 사랑을 받아왔다. "아무리 힘든 일이 있어도 나는 다시 일어날 것이다. 깊은 절망 속에서 던져두었던 연필을 쥐고 계속 그림을 그릴 것이다." 빈센트 반 고흐의 손에 쥐어졌던 연필 한 자루에서 위대한 예술이 탄생했다는 사실은

좋아하는 글을 필사하고,
느긋하게 내 삶을 글로 써 보는
시간을 만나게 해 주는 필기구,
오늘도 나의 하루는
사각사각 연필 끝에서 피어난다.

몇 번을 들어도 감동이다.

《분노의 포도》를 쓴 존 스타인벡의 연필 사랑도 남달랐다. 그는 마음에 드는 연필이 있으면 한꺼번에 수십 자루씩 사 두곤 하였다. '종이 위에서 활강하며 미끄러진다'는 표현까지 쓰며 그 즐거움을 드러냈다. 소설가 김훈은 "연필이 없으면 글을 한 자도 못 쓴다."고 고백하기도 했다.

디지털 기기가 발달한 요즘, 노트북이나 컴퓨터로 글을 쓰기도 하지만 많은 작가들이 여전히 연필로 감성을 담아내고 있다. 단 몇 초 만에 관심 있는 부분을 복사해 옮기는 일이 효율적이기는 하지만, 손으로 직접 쓴 글씨가 왠지 정감이 간다. 어쩌다 지인의 사무실에 갈 때면 책상 위에 꽂혀 있는 연필이 그렇게 반가울 수가 없다. '이 사람도 나처럼 연필을 좋아하는구나.' 하는 동질감이 들어서 눈길이 가는 것이다.

일주일에 한 번 닳아서 납작해진 연필을 깎는다. 칼끝의 움직임을 따라 연필심의 끝이 뾰족하게 다듬어져 종이 위를 두드리는 느낌이 들어 좋다. 진한 흑연의 향기가 지면을 메워가는 동안 무한의 상상을 풀어놓을 수 있으니 연필의 매력에 빠지지 않을 수 없다. 무엇이든 지웠다가 쓰기를 무한 반복할 수 있는 연필은 작가에게 가장 필요한 필기구라는 생각이 든다.

늦은 밤 작은 스탠드를 켜 놓고, 사는 이야기를 빼곡히 적던 순간을 떠올려보면 어쩐지 기분이 좋다. 글을 쓸 때 지면에 닿는 사각거리는 소리도 클래식 음악을 듣는 것처럼 경쾌하다.
　좋아하는 글을 필사하고, 느긋하게 내 삶을 글로 써 보는 시간을 만나게 해 주는 필기구. 오늘도 나의 하루는 사각사각 연필 끝에서 피어난다.

chapter 2

나무고아원

 아파트 화단의 나무들이 형체를 알아볼 수 없을 정도로 싹둑 잘려 나갔다. 겨울의 꽃으로 불리던 동백은 물론이고, 잘 자란 벚나무가 밑동만 덩그러니 남은 채 방치되어 있다. 이십 년의 수령을 자랑하던 나무들을 전지 작업하면서 그만 과도하게 벌목을 해 버린 것이다. 단지 보기 싫다는 이유로 아무 거리낌 없이 저렇게 만들다니 여기저기서 불만이 쏟아진다.
 한번 베어지면 다시 회복되기까지 오랜 시간이 걸린다는 걸 알면서도 그리한 것 같아 아쉽기만 하다. 앙상한 가지만 남은 아왜나무와 동백이 다시 살아나려면 얼마의 시간이 흘러야 할까. 그 앞을 지나갈 때마다 자신의 모든 걸 아낌없이 주는 나무에게 위로의 눈길을 보낸다.

　몇 번의 계절이 지나갔다. 죽은 듯 보이던 나무들이 따뜻한 햇살을 받으며 어느새 새싹을 하나씩 피워냈다. 그동안 눈에 보이지 않게 조금씩 생명을 키워왔다니 반가워 눈물이 났다. 뭉텅하게 잘려 밉게만 보였는데 그새 본연의 모양새로 돌아오고 있는 모습이 대견해 어루만져 보았다.

　나무고아원에 왔다. 전국의 토목공사나 건물 신축으로 베어질 운명의 나무들을 기증받아 심기 시작했다는 곳이다. 봄철에 꽃가루가 심하게 날려서 홀대받던 버즘나무를 가져와 옮겨 심은 것이 시초가 되었단다. 느티나무, 은행나무, 소나무, 향나무, 단풍나무, 배나무 등 수종도 다양하다. 도시 개발로 하천이 사라지고 숲이 생명을 잃어가는 과정을 심심찮게 보곤 한다. 자연의 시간이 켜켜이 쌓이는 수목 환경을 꿈꾸는 우리에게 이곳의 풍광은 예상보다 훨씬 다채롭다.

　나는 처음 나무고아원이라는 이름을 들었을 때 참 특이한 이름이구나 생각했다. 수목원이나 생태 숲처럼 예쁜 이름이면 좋았을 텐데 왜 그렇게 지었을까 의문이 들었다. 나무에 고아라는 이름이 붙어서 부정적으로 들렸기 때문이다. 이름과 얽힌 사연이야 어떻든 지금은 푸른 도시 숲이 되어 사람들이 많이 찾아가는 곳으로 자리하고 있다니 반갑지 않을 수 없다. 나무고아원이 만들어지기까지 얼마나 많은 수고와 노력이 있었을까. 그 수고로움 덕분에 지금은 모두에게 사랑받는 수목원이 되었으니 감사한 일이다.

이곳에 들어서면 제일 먼저 입구에 우뚝 서 있는 버드나무를 만나게 된다. 이 나무는 도로 공사로 인해 줄기가 병들고 썩어 고사 직전인 상태였다고 한다. 마을을 지키는 당산나무처럼 나무수목원의 상징으로 제 몫을 톡톡히 하고 있는 듯해 머리가 숙어졌다. 몇 차례 수술과 인공수피를 붙여 회생하여 건강하게 잘 살고 있는 모습이 기특해 가만히 쓰다듬어 주었다. 나무의 온기가 전해져 왔다.

숲길을 걸으니 상처받은 나무들이라고는 믿기지 않을 만큼 싱그러운 초록 물결이 눈앞에 펼쳐졌다. 버려진 나무가 서로를 위로하며 가치 있게 쓰이는 공간으로 새로 탄생한 듯해 마음이 가벼웠다.

가을이면 거리마다 은행나무에서 떨어진 은행 열매가 고약한 냄새를 풍기며 사람들에게 불편을 준다고 항의가 빗발친다고 한다. 버스정류장 가까이 있는 보도블록을 지나다가 밟기라도 하면 심한 냄새 때문에 골머리를 앓는다는 것이다. 은행나무를 다 베어내고 다른 수종의 가로수로 바꿔야 한다는 아우성을 들을 때면 황금빛 단풍을 보는 즐거움보다 편리를 택한 듯해 공감이 간다.

사람은 인간으로서 행복하고 건강하게 살아갈 권리가 있다. 동물과 식물도 자신의 생명과 건강을 보호받아야 할 권리가 있다고 한다. 나무와 사람이 같이 공존하려면 서로 아껴주어야 하지 않을까. 버려진 나무들이 다시 자기 삶을 이어 나갈 수 있도록 생명의 장을 만들어 준 나무고아원이 늘 푸름으로 지속되길 바라본다.

아파트 화단에 나무들이 잎을 틔우기 시작했다. 겨우내 움츠렸던 기지개를 켜듯 여기저기서 반가운 봄소식이 들려온다. 앙상한 가지 끝에서 고고하게 꽃을 피우는 매화와 고운 자태의 목련은 볼수록 탐스럽다. 아파트촌의 삭막함을 달래주는 꽃나무들의 개화를 보는 것이 이즈음의 즐거움이다.

chapter 2

송이 반점

결혼기념일을 맞아 특별한 곳으로 떠나 보자고 툭 던진 말이 제주 여행으로 이어졌다. 육지를 떠나 낯선 섬에서 만나게 될 수많은 이야기들을 상상하니 떠나기 전부터 한껏 달떴다.

제주도는 파란 하늘과 투명한 바다가 어우러진 아름다운 곳이어서 어쩐지 자꾸만 가고 싶은 여행지다. 몇 번을 다녀왔지만 갈 때마다 느낌이 사뭇 다르다.

지그재그 모양으로 굽어진 애월읍 해안도로를 달린다. 찰랑찰랑 춤추듯 넘실대는 파도와 사람이 많지 않아 가는 곳마다 여유로움이 묻어난다.

에메랄드빛 바다가 장관인 곽지해수욕장에 다다르자 마치 다른 나라에 온 듯한 기분을 느끼게 한다. 부드러운 모래를 품은 백사장을 보니 어디를 가나 낯선 곳에서 만나는 시간은 항상 새롭다는 생각이 든다. 애월읍은 기대 이상으로 조용하고 소박해 제주의 자연을 오롯이 느끼게 해 주었다.

배고픔을 달래줄 곳을 찾아보기로 하고 인근 도로를 천천히 돌아보았다. 흑돼지 요리나 갈치 요리를 하는 가게들을 지나자 '송이 반점'이라고 쓰인 간판이 언뜻 눈에 들어왔다. 가게 이름이 어디선가 들어 본 듯하다 싶었는데 아들의 군대 동기 부모님이 하는 식당이라는 것이 생각났다. '송이 반점'을 일부러 찾아온 것도 아닌데 이렇게 만나게 되다니 반가움이 앞섰다.

작고 예쁜 간판만큼이나 가게 외관은 소박했다. 이 지역에서 나름으로 이름이 나 있다는 걸 들었기에 이참에 인사라도 할 겸 들어가 보았다. 작고 아담한 가게 안은 밖에서 볼 때보다 훨씬 깔끔해 정겨움이 묻어났다. 짬뽕, 간짜장, 볶음밥, 탕수육이라고 써 놓은 나무 메뉴판이 벽 한쪽에 꾸밈없이 붙어 있었다. 팔보채 등 고급 메뉴는 없지만 가장 기본적인 중국 음식을 엄선해 놓은 것 같아 얼른 한번 맛을 보고 싶었다.

오래전부터 서민들의 최고 외식 메뉴로 전 국민의 사랑을 한 몸에 받아온 국민 음식이 짜장면이었다. 춘장을 넣고 다양한 채소를 볶아 만드는 비교적 간단한 음식이라지만 조리법에 따라 다양한 이름이 붙어 있어 우리 입맛을 자극한다. 간짜장, 삼선짜장, 쟁반짜장

등 종류도 많아 이것저것 먹어보는 재미도 있다.

 이사하는 날 짐 정리를 하다가 바닥에 퍼질러 앉아 먹던 짜장면 맛을 잊을 수 있을까. 양파와 감자, 돼지고기가 까만 춘장과 어우러져 달짝지근한 맛으로 힘든 노동을 잠시 잊게 해 주었으니 한 그릇 먹고 나면 피로가 풀렸다. 바삭한 튀김옷을 입힌 탕수육을 곁들이면 풍성한 차림이 되었다.

 어릴 때 동네에 있던 중국집 풍경은 언제나 시끌벅적했다. 주문을 하면 알아들을 수 없는 중국말이 주방을 향해 전달되었다. 달그락달그락 야채를 볶는 소리까지 식욕을 자극하는 요란한 분주함에 절로 입맛이 다셔졌다. 먹을 것이 흔한 요즘이지만 예전에는 무슨 특별한 날이나 축하할 일이 있으면 중국집에서 한턱내곤 하였다. 이날만큼은 어깨에 잔뜩 힘을 주며 팔보채 같은 요리를 시켜도 된다고 큰소리를 쳤다. 이제는 흘러간 옛날의 한 장면이지만 생각만으로도 행복한 기분을 느끼게 해 줘 좋다.

 우리는 양파와 고기가 풍부하고 춘장의 단맛이 잘 배인 짜장면과 탕수육을 주문했다. 중국집에서는 주문한 음식이 나올 때까지 의식을 치르듯 나무젓가락을 손으로 쓱싹 비비곤 한다. 이 과정을 거치지 않으면 꼭 뭔가 하나가 빠진 것 같아 재미 삼아 다시 해 보니 옛 추억이 스르르 떠올랐다.

 침샘을 자극하며 기다리는 사이 음식이 나왔다. 윤기를 내며 면발 위에 소복하게 얹힌 짜장 장이 보기만 해도 맛있어 보였다. 얼른 면을 쓱싹 비벼 한 젓가락 입에 넣었다. 달짝지근한 면발이 미끄러지듯 입안에서 춤을 추며 목으로 넘어갔다. 오랜 세월 기억 속에서 잊히지 않았던 추억의 맛이 혀끝으로 전해져왔다. 흥얼거리며 단숨에 후루룩후루룩 면을 삼켰다. 짜장면과 함께 얇고 납작하게 튀겨 낸 탕수육은 바삭하고 쫀득해 자꾸만 손이 갔다.

배고픔과 허기를 단숨에 날려버리고, 가게를 나올 즈음 송이 반점 주인인 아들 친구 어머니에게 인사를 건넸다. 힘든 군 생활 동안 아들들이 서로 의지가 되어 무사히 전역을 하게 된 것에 감사의 마음을 전했다. "진작 말을 했다면 더욱 정성 들여 챙겼을 텐데요."라며 일부러 와 준 것에 연신 고마움을 표하는 모습이 감동으로 와 닿았다. 제주의 따뜻함이 느껴졌다.

소소한 행복을 덤으로 나누고 돌아오는 길, "출출한데 오늘 짜장면 시켜 먹을까요?" 아들의 목소리가 꿈결같이 들렸다. 내 생애 최고의 짜장면을 사 주셨던 부모님이 문득 생각나 코끝이 시큰해 왔다.

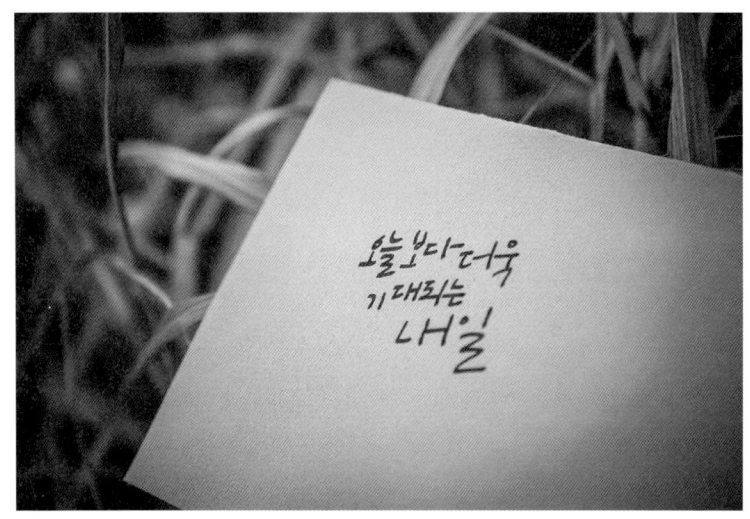

'인생 환승하기 가장 좋은 때는 바로 지금'이라는 말이 있다.
가던 길에서 벗어나 다른 삶을 꿈꿔보는 것도 좋을 것 같다.
인생 이모작을 설계하는 '인생 환승'은
그래서 언제나 희망적이다.

chapter 2

인생 환승

　외출할 때면 시내버스를 자주 타는 편이다. 요즘은 대중교통을 이용하면 환승 제도가 잘되어 있어 어디를 가더라도 불편함이 없다. 버스에 올라 단말기를 찍으면 "반갑습니다." "환승입니다."라는 익숙한 멘트가 흘러나온다. 승객들이 타고 내릴 때마다 계속해서 들리는 '환승'이라는 말이 이제는 정겹게 느껴진다.

　며칠 전 어느 신문에서 읽었던 기사가 생각난다. '인생 환승'에 성공한 여러 사람들의 사연이 실려 있었다. 제각각 남들보다 최선을 다해 살면서도 새로운 꿈을 이루기 위해 나아가고 있다는 내용이어서 공감이 갔다. 110킬로그램이 넘는 체구에 건강이 좋지 않아 하루하루 살기도 버거웠다는 어느 청년은 우연히 시작한 운동으로

40킬로그램을 감량하며 헬스 트레이너가 되었다고 했다. 촉망받는 의사였지만 자신이 좋아하는 요리를 하고 싶어 과감하게 이직을 했다는 어느 의사의 이야기는 다시 봐도 놀라웠다. 자신이 하고 싶은 일을 하기 위해 현재 가지고 있는 것을 놓기가 어디 쉽겠는가. 이들의 용기에 박수를 보내고 싶어진다.

환승이라는 말 속에는 미래에 대한 불안도 내재되어 있다. 변화를 두려워하기보다 다른 곳으로 나아가기 위한 발돋움이 필요한 일이기도 하다. 세상의 속도를 따라가기에도 벅찬 하루지만 새로운 도전을 위해 용기를 내는 것. 인생의 다음 정거장에서 우리는 무엇을 만나게 될까.

직장인들의 80프로 이상이 퇴직 후 자기가 꿈꾸는 일을 한번 해보고 싶다는 포부를 밝혔다. 평생직장에 대한 기대감이 사라지는 현실에 비춰보면 앞날이 막막하고 걱정된다는 하소연으로 들린다. 다른 일을 섣불리 할 수도 없다는 이들의 심정이 느껴져 이해가 된다. 그래도 멋진 미래를 상상하며 꿈을 꾸는 사람들의 앞날을 응원하고 싶다.

'인생 환승하기 가장 좋은 때는 바로 지금'이라는 말이 있다. 가던 길에서 벗어나 다른 삶을 꿈꿔보는 것도 좋을 것 같다. 인생 이모작을 설계하는 '인생 환승'은 그래서 언제나 희망적이다.

chapter 2

햇볕이 그립다

아파트 베란다 한쪽에 자리를 잡고 앉아 볕을 쬔다. 햇살이 집 안으로 들어오니 밝고 환해 생기가 돈다. 어느 사이엔가 봄은 저만큼 달아나 버렸고, 뜨거운 바람만이 주위에 가득하다.

몇 년 전, 아파트 앞에 대형 건물이 들어선다는 소식에 동네가 술렁였다. 이전에 있던 건물은 그리 크지 않았는데 새로 지어지는 상가는 규모부터 남다르다고 하였다. 주위가 막힘없이 시원해 결혼하고 지금까지 불편 없이 살았는데 대형건물이 들어선다니 걱정이 많았다. 일조권과 조망이 한 번에 막힐 수 있어 우려하는 동안 우르릉 쾅쾅 굉음을 내며 건물이 순식간에 허물어졌다.

희뿌연 먼지와 혼잡으로 주위가 소란스러워지면서 한동안 여기저기서 볼멘소리가 나오고 항의가 빗발쳤다. 하지만 아랑곳 않고 공사는 계속 이어졌다. 그렇게 시작된 공사가 삼 년 만에 완공이 되었다. 참으로 간사한 것이 사람의 마음이라고 했는데 우려와 달리 여러 부대시설이 있어 반응이 나쁘지 않았다. 영화를 보기 위해 굳이 먼 곳으로 나가지 않아도 되어 자연스럽게 발길이 이어졌고, 모든 게 편한 대로 흘러갔다. 딱 한 가지 햇볕이 잘 들지 않는다는 것 말고는 큰 불편은 없었다. 하루 종일 집 안으로 들어오는 햇볕이 고작 대여섯 시간으로 줄어드니 오전 내내 어두운 기운이 느껴졌다.

한때는 햇살이 너무 따갑다고 툴툴대고, 뽀얀 먼지가 그대로 드러나는 것이 싫어 얼른 해 가림막을 치고 하였던 것이 그리운 옛날이 되어버렸다. 따뜻한 볕에 보송하게 마른빨래를 갤 때의 느낌을 어떻게 잊을까. 지금은 오후에 잠깐 들어오는 햇볕을 만나기 위해 커튼을 활짝 열고 반갑게 맞이하는 것도 일과 중의 하나가 되었다.

어릴 때 마당에선 장독대 위로 눈부신 햇살이 빛났고, 타작한 곡식들이 바삭바삭 말랐다. 잘 마른 무말랭이 무침이 맛있어 입맛을 다시던 것도 모두 사랑스러운 햇볕으로 인해 얻어진 걸 그때는 몰랐다. 나는 햇빛과 햇볕 그리고 햇살이 들어가는 말을 참 좋아한다. 햇빛은 해에서 나오는 빛을 의미한다. 눈이 부실 정도의 밝기를 말하는 것이다. 해가 내리쬐는 뜨거운 기운을 말하는 햇볕은 피하면서도 그 열기는 사랑하게 된다. 아파트의 절반이 그늘의 숲이 되어 버렸지만 아주 작은 것이라도 내가 어떻게 느끼는가에 따라 달라지

햇볕이 잘 드는 자리에 기대앉아
따스하게 내리쬐는 온기에
온몸을 맡기는 순간이 더없이 좋다.

는 것이 인생이니 욕심내지 않기로 했다.

　간간이 부는 바람에 벗나무와 느티나무가 온몸을 부르르 떨고 있다. 창가에 서서 바라보는 아파트 앞의 풍경은 어제와 별반 다르지 않다. 신호를 기다리며 엉거주춤 서 있는 몇 대의 자동차와 그 사이를 아슬아슬하게 지나가는 사람들. 매일 만나는 일상이지만 정겨운 풍경으로 다가온다.

　베란다 화분에 내려앉은 봄 햇살이 따사롭다. 활짝 핀 꽃들을 바라보며 한낮이 되어서야 집으로 환하게 들어오는 한 줌 햇살을 쓰다듬는다. 햇볕이 잘 드는 자리에 기대앉아 따스하게 내리쬐는 온기에 온몸을 맡기는 순간이 더없이 좋다.

chapter 2

닭 울음이 사라졌다

나들이를 가려는 사람들이 일시에 쏟아져 나온 탓인지 고속도로에 차들이 길게 늘어서 있다. 브레이크 등을 빨갛게 하고 있는 여러 대의 차가 스치듯 지나간다.

창밖으로 시선을 돌리자 낡은 트럭 한 대가 눈에 들어온다. 칸칸이 짜인 철제 틈 사이로 닭털이 바람에 어지럽게 날리고 깃털로 장식된 트럭은 하얗다 못해 회색빛이다. 수십 마리의 닭들이 케이지 안에서 몸을 부딪치며 웅크리고 있어서인지 보는 내내 아슬하면서도 위태롭다.

"꼬꼬댁 꼬꼬 꼬꼬" 닭들의 애절한 울음이 주위를 환기시키듯 천천히 퍼져 나간다. 이리저리 불안한 눈빛들이 뒤엉켜 차 안의 풍경은 어수선하다 못해 소란스럽기까지 하다. 지금 달리고 있는 이 길이 누군가의 식탁 위로 오르기 위한 마지막 여정이란 걸 알기나 할까. 이런저런 생각을 하며 잠시 눈을 감는다.

도시에서 자란 내게 닭은 늘 상서로운 길조로 여겨졌다. 세상을 꿰뚫어 보는 듯한 눈빛과 빠르고 민첩한 움직임은 결단력 있는 전사처럼 보였다. 작고 가느다란 다리로 고개를 까딱이며 거침없이 한 걸음 한 걸음 앞으로 나아가는 모습은 언제 봐도 당당해 보였다. 병아리들을 거느리고 마당을 유유하게 활보하던 시골 외갓집의 암탉 모습을 떠올리면 빙긋이 미소가 지어졌다. 종종거리며 어미 닭을 따라다니는 병아리의 작은 날갯짓이 참 평화롭고 아름다웠기 때문이다. 이웃집 개가 짖기라도 하면 날개를 활짝 펴 새끼를 보호하려는 어미의 모정이 감동으로 다가와 한참 바라보곤 하였다.

아직 햇볕이 들지 않는 새벽, 외할머니는 닭이 우는 소리를 듣고 일어나 마당을 치우고 텃밭을 돌아보며 하루를 열었다. 닭들의 횃소리가 나팔이 되어 온 동네 사람들을 깨우는 아침은 그렇게 부지런함으로 시작되었다. 밤낮없이 불빛으로 물들어 쉬 잠들지 못하는 도시에 비하면 자연과 더불어 사는 삶이 부럽기도 하였다. 지금은 아무것도 남아 있지 않는 외가댁의 풍경이 그리운 시간으로 다가와 아련하다.

얼마 전부터 수탉의 힘찬 소리가 앞 동네에서 들려오기 시작했다. 그것은 마치 기계에서 나오는 장치 음처럼 일정한 울림으로 다가왔다. 누구네 집에서 키우는 닭인지 알 수는 없었지만 신선한 공기처럼 주변을 깨우는 소리에 이웃들의 반응도 다양했다. 오랜만에 듣는 소리라며 반기는 사람이 있는가 하면 자꾸만 들리는 소리에 시끄럽다고 불만을 얘기하는 사람도 나타났다.

빽빽하게 들어선 아파트 숲에서 "꼬끼오"를 외치는 닭의 외침이 반가워 나는 날마다 귀를 쫑긋 세웠다. 설거지를 하면서도 창문을 열어 닭이 보내는 수신호에 화답하듯 꼬끼오를 외쳤다. 주위의 수많은 소음 사이에서 묵묵하게 자기의 목소리를 토해내는 닭이 부럽기까지 했다.

동네 사람들에게 신선한 알람이 되어 준 닭 울음소리가 들리지 않은 건 그 후로 얼마 지나지 않은 봄날이었다. 오래가기야 하겠냐며 입을 모았는데 그 소리는 예상처럼 뚝 끊겨버렸다. 늘 듣던 닭 울음소리가 사라지자 허전한 마음이 들어 자꾸만 창문을 열고 밖을 내다보았다.

맑고 우렁찬 닭 울음을 밀어내는 이 도시의 소음이 또 많은 것을 떠나보낸 것 같아 아쉽기만 했다. 우리가 모르는 사이에 소중한 것들이 잊히고 멀어져 가는 건 아닌지 가만히 되물어 보았다.

"꼬끼오 꼬끼오" 메마르고 삭막한 도시의 아침을 깨우는 정겨운 수탉의 소리가 꿈결같이 들려온다.

Park
Gwiyeong
Essay

4인용 식탁

맛있는 기억을 찾아서

반려 식물과 산다는 것

행복한 술빵

전나무 숲길에서

후루룩 칼국수

우리는 무엇으로 다시 만날까

꿈속의 고향

사람이 그립다

웃음 한번 웃어봐요

chapter 3

4인용 식탁

우리 집 주방에는 오래된 식탁이 있다. 앤티크풍의 멋스러움이 느껴지는 디자인이 볼 때마다 기분을 좋게 해 여태까지 잘 쓰는 중이다. 날마다 식구들이 마주 앉아 도란도란 하루를 풀어 놓던 밥자리여서 볼수록 정이 간다.

4인용 식탁에서 음식을 먹으며 탐식의 즐거움을 함께 만들어 가는 시간이 그리워지는 요즘이다. 타 지역에 사는 아들의 자리는 오래전부터 비어 있고, 하루 중 한 끼라도 가족들이 다 모여 같이 밥 먹기도 힘들 만큼 바쁘게 지내고 있다. 아이들이 어렸을 때는 식탁에 앉아 공부도 하고, 어른들은 차를 마시는 화담의 시간을 많이 가졌다. 따뜻하고 풍성한 마음을 주고받던 자리가 이제는 주인을 잃은 듯 온기가 없다. 식탁에 앉아 있으면 지나간 시간이 모두 그리움으로 다가온다.

누군가를 위해 소박한 밥상을 차려 본 지가 언제였을까. 예전에는 특별한 일이 없어도 이웃을 집으로 불러 같이 음식을 나누는 시간이 많았다. 국수를 삶거나 부침개를 부치기만 하면 자연스럽게 자리가 마련되었다. 날마다 격의 없이 지낼 수 있었던 것은 이런 만남이 이어졌기에 가능한 일이었다.

오랜만에 내가 좋아하는 사람들을 집으로 초대했다. 4인용 식탁에 어울리는 작은 화병에는 화사한 장미꽃 몇 송이를 꽂아 두었다. 꽃향기가 향긋하게 스미는 식탁에서 행복해할 친구들을 생각하니 절로 웃음이 나왔다. 삼색나물 조물조물 무치고, 입맛 돋우는 봄동 겉절이도 만들었다. 정성 들여 김치 왕만두도 푸짐하게 빚었다.

나를 제외한 세 명의 친구들은 서로 처음 보는 얼굴이다. 의도한 바는 아니지만 서로 잘 어울릴 것 같아 내 마음대로 초대를 하였는데 다행히 자연스럽게 어울렸다. 친구 S는 지역에서 작은 가게를 하는 이십 년 지기 친구로 사교성이 좋아 주위에 사람들이 많은 편이다. 다방면에 만능 재주를 가진 B는 어떤 제안이든 거절 않고 해결해 주는 친구다. 따뜻한 심성을 가진 Y는 만날 때마다 작은 선물을 챙겨오는 감성의 소유자다.

처음의 어색함은 금방 사라지고, 모두의 관심과 화두는 건강에 대한 이야기로 자연스럽게 이어졌다. 건강해야 뭐든 하고픈 대로

다 하고 살 수 있다는 것이다. 꽁냥꽁냥 즐거운 인생 이야기로 식탁이 금방 풍성해졌다. 친구들을 위해 노릇노릇 감자전을 부쳤다. 각자 근황을 풀어놓으니 훨씬 자연스러운 분위기가 만들어졌다.

　음식을 같이 먹는다는 것은 온기를 나누는 일이다. '밥 한번 먹자'고 늘 습관처럼 말했는데 이렇게 마주할 수 있어 고마운 마음이 들었다. 멸치 국물이 우러난 김치 왕만두 국을 식탁에 올렸다. 손으로 빚어 모양은 투박하여도 우리 집에서만 맛볼 수 있는 강원도식 만두를 맛있게 먹는 친구들의 모습이 정겹게 다가왔다. 음식으로 행복을 나눌 수 있다는 걸 여태 왜 몰랐을까.

　온 집안에 웃음꽃이 활짝 피었다. 서로 시간이 맞지 않아 늘 비어 있던 식탁의 자리가 가득 메워졌다. 사람들의 따뜻한 기운이 온 집안을 훈훈하게 만들어 주었다. 좋은 사람들과 만나는 시간, 나의 4인용 식탁은 누구라도 찾아와 따뜻한 마음을 나누는 소박한 자리가 되고 있었다.

chapter 3

맛있는 기억을 찾아서

 내 고향 주문진에서는 김장을 할 때면 반건조된 코다리를 넣는다. 꾸덕꾸덕 말린 명태의 식감이 양념과 어우러져 강원도식 김장 김치의 별미를 느낄 수 있다.
 손이 많이 가 귀찮아도 한번 해 놓으면 두고두고 맛있게 먹을 수 있어 겨울이면 넉넉하게 준비한다. 반건조 상태의 코다리가 시간이 흐를수록 야들야들하고 부드러운 식감으로 깊은 맛을 더해 준다. 코다리김치를 만드는 과정은 쉬운 것 같아도 여간 정성이 들어가는 것이 아니다. 코다리는 지느러미와 대가리, 아가미와 내장까지 다 잘라 제거하고 칼집을 넣어 뼈를 발라 둔다. 대가리와 뼈는 시원한 육수를 내기 위한 재료로 쓰인다. 또박또박 썰어 둔 코다리를 절여

둔 배춧속에 양념과 함께 쏙쏙 넣으면 완성이다.

묵은김치 한 포기를 썰 때마다 그 속에서 하나씩 툭툭 나오는 코다리를 먹는다는 것은 동해바다의 시원함을 입안에서 제대로 맛보게 하는 즐거움을 준다. 자주 먹을 수 없는 코다리김치는 내게 고향의 미각을 떠올리게 한다.

나는 생선을 별로 좋아하지 않는 편인데 굳이 꼭 한 가지만 고르라면 단번에 명태를 꼽는다. 다른 생선은 비린내가 비위를 자극해 잘 먹지 못하는데, 특이하게도 명태는 담백해 즐겨 먹는다. 싱싱한 생태나 꽁꽁 얼린 동태, 겨울에 얼렸다 녹이기를 반복하여 말린 황태는 절로 손이 간다. 북어조림, 명태전, 동태탕, 회 비빔국수 등 취향에 따라 요리를 해 먹을 수 있어 버릴 게 하나도 없다.

가끔 고향이 사무치게 그리울 땐 인근 도시에 있는 속초 코다리 냉면집을 찾아가곤 한다. 살얼음이 동동 뜨는 물냉면은 물론이고 입맛 당기는 비빔냉면은 마다할 이유가 없다. 경상도 사람들의 화끈한 성격을 닮은 비빔냉면의 매콤한 맛은 중독성이 강해 자꾸 생각이 난다. 새콤달콤한 코다리 비빔냉면 한 그릇을 먹고 나면 고향 풍경이 아련하게 떠올라 회상에 잠기게 된다.

이 집의 코다리는 양념이 잘 배어 있는 데다 잘게 썬 배와 계란 채가 푸짐하게 얹어져 있어 다 먹고 나면 배부른 탄성이 나온다. 코다리 무침 위로 고소한 참기름과 통깨가 뿌려져 있어 한 그릇을 다 비우고 나면 세상 부러울 것이 없다.

고향 바다를 누비던 명태가 내 입속으로 들어오는 상상을 하면서 먹다 보면 절로 어깨가 들썩여진다. 면을 사랑하는 사람이라면 이럴 땐 단숨에 얼른 비벼 후루룩 먹어야 한다.

미각 여행을 떠나는 걸 즐기는 편이다. 자주 만나는 사람들이 비슷한 맛이나 취향을 가지고 있다면 더할 나위 없이 좋다. 같은 재료라도 색다른 맛을 내는 곳이 있다면 단번에 찾아가 맛있는 즐거움을 누리기 위해서다. 몇 해 동안 각지를 다니며 많이 먹어 보았는데 돌아와서 그 맛이 아른거리면 다시 가 본 곳도 여럿 있다.

맛있다는 것은 무엇을 말하는 것일까. 혀로 느끼는 신맛, 단맛, 쓴맛, 감칠맛 등 지극히 개인적인 입맛이지만 좋아하는 음식은 맛있는 기억을 남긴다. 세월이 흐르고 많은 것이 변해도 고향의 맛은 아련한 그리움으로 다가온다. 잘 익은 김치 한 포기 썰어 뭉근하게 찌개를 끓여야겠다. 벌써부터 군침이 돈다.

chapter 3

반려 식물과 산다는 것

거실 한쪽에 있는 떡갈나무가 제법 튼실하다. 그 곁에 선 키 큰 여인초와 행복나무도 이웃하며 푸름을 자랑하고 있다. 아파트에서 나무를 키우는 일이 쉽지 않을 거라는 걸 알면서도 가져온 것들인데 걱정과는 달리 쑥쑥 잘 자라고 있다.

매일 아침 화초와 나무들을 쓰다듬고 살피는 것으로 하루를 시작한다. 도란도란 말을 건네면 내 마음을 알기라도 하듯 방긋 웃어주는 것 같아 기분이 상쾌해진다. 자기만의 몸짓으로 즐거움을 주는 식물에게서 얻는 기쁨이 제법 크다. 우리 집에서 동고동락하며 지낸 세월이 거의 이십 년이 넘을 정도로 오랜 시간 함께해 오고 있다. 애완동물을 키우는 것처럼 식물을 대하니 소중함이 더하다. 군

자란에서 꽃대가 올라오는 걸 보니 저만치 봄이 와 있는 느낌이 든다.

반려 식물은, 가만히 바라보고 있을 때 주고 받는 교감이 좋아 각별하게 키우게 되는 것 같다. 햇빛과 물, 바람의 자양분을 먹으며 자라는 화초들은 어디에서건 적당한 환경이면 별 무리 없이 자라는 편이다. 소담한 꽃 화분을 선물 받으면 정성과 사랑으로 키우는 재미가 덤으로 주어져 즐겁다. 식물을 키우는 '식물집사'라는 신조어가 생겨날 정도로 식물에게서 위안을 받는 이들이 많다.

타지에서 생활하고 있는 아들의 방에는 선인장이나 다육 식물을 비춰주는 식물 채광등이 자리를 하고 있다. 태양 빛과 유사한 스펙트럼 효과를 준다고 장만했다는데 햇빛을 제대로 받지 못해 혹시나 죽을까 봐 애지중지 가꾸는 모습이 대견하다. 정성을 쏟았는데도 만손초가 시들해졌다고 연락이 올 때는 나름의 처방을 알려주기도 하지만 생각처럼 자라지 않아 아쉬워하기도 한다.

이런 내 마음을 알기라도 한 걸까. 반려 식물병원이 문을 열었다는 소식이 들린다. 집에서 키우는 화초가 생기를 잃고 죽어갈 때 이곳을 찾아가면 된다. 전문가가 환자를 다루듯 회생 불가한 가지는 자르고, 거기에 물을 충분히 주며, 분갈이를 해 준다. 나무에 기생하고 있는 진드기는 살충제를 뿌리고 지켜보면서 돌봐 주면 웬만해선 거의 살려낼 수 있다고 한다. 늙은 식물은 입원까지 시켜 관리를 해 준다고 하니 우리 집에 아픈 화초가 있으면 한번 맡겨 보고 싶

매일 아침
화초와 나무들을
쓰다듬고 살피는 것으로
하루를 시작한다.
도란도란 말을 건네면
내 마음을 알기라도 하듯
방긋 웃어주는 것 같아
기분이 상쾌해진다.

다.

  사람에게 감정이 있듯이 식물에게도 정서가 있다는 이야기를 들었다. 꽃을 보면 기분이 좋아지는 건 식물과 나의 교감이 제대로 이뤄낸 결과라는 것이다. 식물은 물을 너무 많이 줘도 적게 줘도, 햇빛이 강해도 안 되니 섬세하게 다뤄야 한다.

  외출을 하고 집으로 들어오면 제일 먼저 반갑다며 인사를 하는 우리 집 반려 식물들을 가만히 쓰다듬어 본다. 조용한 언어로 내게 말을 걸어오는 마우이선셋을 바라보며 오늘 하루도 고마웠다는 인사를 전한다.

chapter 3

행복한 술빵

빵을 좋아하는 사람들이 늘어나고 있다. 밥이 주식이던 시대를 지나 다양한 종류의 빵집을 찾아다니는 빵지 순례가 자연스러운 일상이 되었다. 밀가루 반죽 한 덩이가 만들어내는 풍미를 어찌 마다하겠는가.

달콤하고 고소한 빵 굽는 냄새가 커피향과 어우러져 가던 걸음을 멈춰 세운다. 진열대 위에 정갈하게 놓여 있는 갓 구운 빵들이 먹음직스러워 보여 괜스레 군침이 돈다. 이럴 땐 유혹을 이기지 못하고 자연스럽게 빵집에 들어가곤 한다. 부드러운 마들렌, 쫄깃하고 짭조름한 소금빵을 사 들고 가게를 나와 걷는 기분은 무엇과 비교할 수 없이 즐겁다.

봄바람 산들산들 부는 날이면 시골 장에 가끔 간다. 그곳에 가면 도시에서 느낄 수 없는 풋풋한 인심과 사람 사는 냄새가 물씬 나 구경하는 재미가 쏠쏠하다. 시장을 돌다 보면 푸릇한 제철 나물과 식재료들을 두 손이 묵직하도록 사게 된다.

오일장의 묘미는 누가 뭐래도 푸짐한 간식거리를 먹을 수 있다는 것이다. 방금 튀겨낸 바삭한 도넛과 어묵, 김이 모락모락 나는 팥죽과 호박죽이 오가는 사람들의 입맛을 사로잡는다. 시장에 가면 꼭 무어라도 먹고 와야 한다던 어머니의 말씀이 생각나 요기를 하는 즐거움도 있다.

언제나 내 발걸음을 멈추게 하는 곳은 강낭콩이 듬성듬성 박힌 큼지막한 술빵 파는 난전이다. 찜솥 위에서 모락모락 김을 내며 듬직하게 놓여 있는 빵을 하나 먹어야 장에 온 기분이 난다. 어릴 적에 어머니께서 만들어 주시던 기억을 떠올리며 한 입 베어 물면 나도 모르게 미소가 지어진다.

내가 제일 좋아했던 술빵은 만드는 과정부터가 남달랐다. 빵 맛을 결정하는 주재료는 막걸리였다. 하얀 밀가루에 소금과 설탕을 넣고 시큼한 막걸리를 섞어 잘 배합해 두고 기다리면 되었다. 반죽을 많이 부풀어 오르게 하는 막걸리가 발효의 효과를 제대로 보여주었다. 한참 시간이 흐르고 반죽에서 뽀글뽀글 거품이 생기면 젓가락으로 부푼 반죽을 찔러 쑥 내려가도록 했다. 빨리 먹고 싶어 조바심을 내어도 참아야 했으니 기다림 끝에 먹는 빵이 얼마나 맛있

추억이 방울방울 묻어나는 사소한 것들이
향수를 자극한다.
날마다 이리저리 부대끼며 힘들 때
어머니의 온기를 느끼듯
노랗게 잘 익은 술빵을
한 움큼씩 손으로 뜯어 먹고 싶다.

었을지 상상만으로도 행복했다.

　따뜻한 아랫목에서 천천히 발효 과정을 거친 후 덮어둔 천을 들추어 보면 반죽이 두 배로 봉긋 부풀어 올랐다. 이렇게 부푼 반죽을 조물조물 찜솥에 올려 푹 쪄 내면 드디어 달짝지근하고 새큼한 술빵이 완성되었다. 포실한 빵을 꺼내어 먹으면 하얀 구름 위에서 몽실몽실 걷는 느낌이 들어 자꾸만 손이 갔다. 적당한 온도와 기다림의 조화가 환상의 맛을 만들어 낸 것이다.

　'인생이 힘들 때 빵 하나로 위로를 받는다.'는 말을 나는 좋아한다. 사는 일이 팍팍하다고 느낄 때 음식이 주는 위로가 실로 대단하다는 걸 알기 때문이다. 익숙한 맛이 주는 편안함이 좋다. 맛있다고 느끼는 감정의 대부분은 경험에서 비롯된다. 뜨거움도 잊고 호호 불며 먹었던 꿀맛 같던 술빵을 좋아하는 건 어머니의 정성과 사랑이 그리운 까닭이다.

　사는 일이 허허로울 때 가끔 그 맛이 그리워 서툰 솜씨로 나도 술빵을 만들어 본다. 만드는 과정이 번거롭긴 해도 내가 만든 간식을 가족들이 맛있게 먹는 모습을 보면 나도 모르게 미소가 지어진다. 어머니도 이런 기분이었을까. 자신이 만든 빵을 먹고 행복해하는 아이들을 보고 뿌듯해하셨을 당신의 마음이 전해져 와 코끝이 시큰하다.

　시대가 변하면서 입맛과 취향도 달라졌다. 추억이 방울방울 묻어나는 사소한 것들이 향수를 자극한다. 날마다 이리저리 부대끼며 힘들 때 어머니의 온기를 느끼듯 노랗게 잘 익은 술빵을 한 움큼씩 손으로 뜯어 먹고 싶다. 투박하지만 폭신한 그 맛으로 내 삶을 위로 받고 싶다.

chapter 3

전나무 숲길에서

　오대산 월정사 전나무 숲길을 걷는다. 차를 세워 놓고, 일주문에서 금강교를 지나 절집까지 들러 보기로 한 것이다. 언젠가 이곳에 왔다 스치듯 지나가 버린 아쉬움을 이참에 달래보려는 심산이다. 호젓한 숲길을 걷는 것은 도심 속의 길을 걷는 것과는 느낌부터 다르다.
　'모든 생각은 발뒤꿈치에서 나온다.'고 했던 니체의 말처럼 땅을 딛고 걸어가는 행위는 자연으로 돌아가고픈 간절함에서 비롯된다. 느긋하게 천천히 제대로 걸어보리라. 나무들의 사열을 받으며 그 사이로 타박타박 걸어가고 있으니 귀한 손님으로 대우를 받는 기분이 든다.

며칠 내리던 비가 잠시 멈추고 나자 햇빛이 드문드문 나무 틈으로 여름날의 서정을 펼치고 있다. 천년의 시간을 온몸으로 품어서일까. 하늘을 향해 곧게 뻗은 전나무는 언제 보아도 우람하다. 우산을 활짝 펼친 듯 가지런한 가지는 생기가 돌고 힘이 넘친다. 유구한 세월의 흐름에도 흔들리지 않고 오롯이 자기의 자리를 지키는 나무의 기상을 마주할 때면 절로 숙연해진다. 숲으로 들기 전의 소란이 차츰 멀어지고 바람 소리, 새소리, 물소리가 또렷이 귓가를 맴돈다. 날마다 매일 들던 수많은 소리가 조용히 침잠하며 내게로 다가오는 느낌이다.

휴대폰을 껐다. 늘 어디서 전화가 오지 않을까 조바심 내던 마음을 잠시 덮어두기로 하였다. 나를 옭아매고 있는 집착에서 자유로워지기 위해 내가 가진 것을 조금씩 내려놓아야 할 때라는 걸 알면서도 생각뿐, 쉽지 않다. 집착은 결국 마음에서 비롯되는 것이 아니던가. 자신만만하고 당당하던 삶의 의지가 조금씩 무디어져 가는 것이 슬프기만 하다. 눈에 보이는 모든 것이 허상으로 사라질지라도 순간의 기억은 영원하다고 했는데 그마저도 희미해져 간다.

바람이 분다. 어디선가 산새들이 찌르르 아름답게 노래를 부르고 있다. 바람과 어우러진 새소리가 고요 속의 침묵을 깨며 사방으로 흩어지는 사이 조용하던 숲이 잠시 소란스러워 돌아본다. 여름 휴가철을 맞아 템플스테이에 참가한 사람들이 길게 줄을 서서 지나가고 있다. 들쑥날쑥한 날씨처럼 사람들의 얼굴 표정도 다양하다. 저

사람들은 지금 무슨 생각을 하고 있을까. 도란도란 말소리가 커졌다 작아졌다 숲으로 맴돌다 다시 내게로 왔다 이내 사라진다. 자연과 사람이 만들어 내는 싱그러운 소통, 우리의 일상을 깨우는 상쾌한 소음이다.

고즈넉한 길을 걸으면 평소 보이지 않던 것들이 우연히 만난 것처럼 새롭게 다가온다. 늘 시간에 쫓겨 하늘 한번 올려다보지 못한 날들이 많았다. 하늘도 아니고 땅도 아닌 그 중간쯤 어딘가에서 복닥이며 살고 있는 나의 모습이 옛 그림자처럼 되살아난다. 좀 겸손하게 살걸, 좀 손해 보고 살걸, 온통 실수투성이인 삶이 부끄러워진다. 드문드문 숨어 있는 이름 모를 야생화가 이런 나를 말없이 응원해 주는 듯하다.

길 곳곳에 작은 나무 팻말이 발길을 멈춰 세운다. '그저 걸음을 즐기라. 그저 걷는 것이다.' 그래 그냥 걸어보자. 누가 뭐라든 여기서는 내가 내 삶의 주인공이니 주저 않고 앞으로 나아가 보기로 한다. 머릿속이 지끈하고 복잡할 때 내 마음을 다잡으며 걷는 일, 이제는 어디서든 스스럼없이 나아가 보아야지.

다시 길을 재촉하며 걷는다. 습한 기운을 날리려고 가볍게 손부채를 움직이면서 조금 더 가니 눈앞에 쓰러진 전나무가 세상 편한 자세로 누워 있다. 한때는 제 몫을 다한다고 사랑을 받았을 저 나무는 지금은 그 세월의 무게를 우뚝 견디며 또 다른 생을 이어가고 있는 것 같다. 운명이 바뀐 뒤에도 의연하게 살아가는 지혜는 어디에서 나오는 건지 궁금해 슬며시 다가가 본다. 애써 태연한 척 가만히 서 있는 시간이 얼마나 흘렀을까. "모두 다 잘될 테니 너무 걱정하지 마라."라며 나무가 나에게 토닥토닥 위로를 건네는 것 같아 가슴이 따뜻해진다.

오대천의 물소리가 맑고 청량하다. 주위를 둘러보며 걷는 동안 평소에 들리지 않던 소리가 아름다운 음악처럼 들리기 시작한다. 수없이 들어왔던 백색소음이 자연과 동화되는 순간이다. '걸을 때 내가 살아 있음을 알아차린다면 이미 깨달은 것입니다.' 또 다른 팻말의 글귀를 보니 깨닫는 것이 무엇인지도 모르고 무심하게 살고 있는 건 아닌지 되돌아보게 된다.

월정사 전나무 숲길이 내겐 치유의 숲길이다. 맘껏 숲의 향기를 들이마시며 다시 길을 나선다.

chapter 3

후루룩 칼국수

봄비가 내리는 날에는 호박이 듬성듬성 들어간 따뜻한 칼국수 한 그릇 먹고 싶어진다. 쫄깃한 면발은 물론이고, 멸치로 육수를 내어 시원함까지 더한 칼국수는 어느 때, 어디서 먹어도 맛이 있다.

낯선 곳으로 떠나는 여행의 절반은 맛있는 음식을 먹는 재미가 덤으로 주어졌다고 해도 과언이 아니다. 눈으로 보는 감흥도 배가 불러야 제대로 느낄 수 있으니 어디라도 발길 닿기만 하면 그곳이 맛남의 장소가 되어준다.

봄기운이 완연하던 날, 국도 22호선을 쉬지 않고 달리느라 끼니를 거르고 나니 시장기가 밀려왔다. 이럴 때는 이것저것 따질 필요 없이 마음 가는 대로 먹고 싶은 걸 먹으면 된다. 언뜻 지나친 음식

점들을 뒤로하고 애써 찾아간 시골 칼국수집은 거창한 간판도 없이 평범한 모습으로 우릴 맞았다.

　일부러 칼국수나 한 그릇 먹자고 갔는데 어떻게들 알고 왔는지 길게 줄을 서 있는 모습에서 이 집이 맛집이라는 걸 알아챘다. 이름이 나 있는 맛집은 기다리는 것이 예사라 할 수 없이 줄을 서서 한참을 기다린 끝에 가게로 들어섰다. 식당 안은 그리 넓지도 좁지도 않았다. 몇몇 테이블을 사이에 두고 사람들이 마주 앉아 음식을 먹거나 순서를 기다리고 있었다.

　메뉴가 바지락 칼국수 한 가지뿐인데도 손님이 끊이지 않고 수시로 드나들었다. 고개를 숙이고 열심히 칼국수를 먹는 식객들의 모습을 보니 참을 수 없는 허기가 밀려왔다. 칼국수는 전국 어디를 가도 어지간해선 입에 맞을 정도로 보편적인 맛을 가지고 있다는데 이 집은 어떨지 벌써부터 궁금했다. 음식의 맛을 좌우하는 것이 후각이라는 걸 알려 주기라도 하듯 주방에서 진한 육수 향이 새어 나왔다.

　내게 칼국수는 어머니의 무한사랑을 느끼게 해 주는 음식이다. 가족들을 위해 만들어 주시던 손칼국수의 깊은 맛을 어찌 잊을 수 있을까. 맛있는 한 끼를 위해 손에 힘주며 반죽을 치대던 어머니의 모습이 드라마 장면처럼 스치고 지나갔다. 요즘이야 기계에서 면이 스르륵 자동으로 나오지만 그때는 직접 만들어야 했기에 여간 손이 많이 가는 것이 아니었다. 방송에 나오는 달인처럼 어머니의 홍두

"치대면 치댈수록 면발이 찰지고 맛이 있다."
처음에는 부족하고 서툴러도
하나씩 배워가며 무슨 일이든, 무엇을 하든
정성을 들이라는 것이다.

깨는 요술 방망이처럼 반죽의 크기를 조금씩 늘렸다. 잘 숙성된 반죽이 홍두깨에 감겨 앞으로 좌우로 당겨질 때마다 주먹만 한 반죽이 커다랗게 변하던 모습은 볼 때마다 신기했다.

쉬운 듯 보여도 아무나 할 수 없던 어머니의 신기방기 손재주가 빛을 발할 때는 곱게 접은 반죽을 썰 때였다. 가늘고 일정하게 쓱삭쓱삭 면발을 썰어 내 채반에 담는 손놀림은 무심하게 이어졌다. 잘 우러난 멸치 육수에 감자와 파를 넣고 끓여낸 칼국수 한 그릇을 먹는 상상만으로도 기분이 좋았다.

잠시 이런저런 생각에 잠기는 사이 기다리던 바지락 칼국수가 나왔다. 하얀 면기에 애호박, 당근은 기본이고 김 가루가 살짝 뿌려진 국물이 구미를 당겼다. 울퉁불퉁한 면발을 한 젓가락 들어 후루룩 건져 올려 먹었다. 진한 바지락 향, 조갯살의 담백하고 시원한 맛이 연신 입안에서 어우러졌다. 살짝 절인 배추김치와 먹으니 그 맛이 두 배로 더해져 쉴 새 없이 손이 갔다.

바지락은 진한 국물을 만드는 최고의 재료다. 사시사철 언제나 먹을 수 있지만 살이 통통 오르는 봄에 더 맛이 난다. 바다 향을 머금은 바지락이 열기를 받아 입을 막 벌리고 제 속의 국물을 토해 내면 칼국수의 풍미는 이미 결정된 것이나 다름없다. 추억의 음식은 먹을 때마다 뜨끈하게 속을 덥혀주는 이끌림이 있어 좋다.

칼국수는 아무리 좋은 재료가 들어가도 면발이 흐느적거리듯 끈기가 없으면 맛이 없다. 면발과 시원한 국물이 어우러져야 감칠맛을 느낄 수 있는 것이다. 절대 미각을 사수하는 미식가들이 전국의 맛집을 찾아다니며 맛있는 면 요리를 먹기 위해 시간을 투자하는 이유가 여기에 있다. 미식가는 아니지만 우연히라도 맛있는 음식을 먹으면 이렇게 기분이 들뜨는 건 왜일까.

칼국수를 만들 때마다 어머니는 "치대면 치댈수록 면발이 찰지고 맛이 있다."라고 말씀하시곤 했다. 처음에는 부족하고 서툴러도 하나씩 배워가며 무슨 일이든, 무엇을 하든 정성을 들이라는 것이다. 계속 노력하다 보면 익숙해져 나중에는 수월하게 해 나갈 수 있다는 걸 세월이 흘러서야 알게 되었다. 살아오는 동안 나는 얼마나 최선을 다하며 살았을까.

손이 많이 가는 귀한 칼국수, 하얀 눈가루 가득 묻히고 엉덩이를 들썩이며 밀가루 반죽을 치대던 그 시간도 이젠 먼 옛날의 기억이 되었다. 소박하지만 특별한 맛, 세월이 흐를수록 내 가슴을 따뜻하게 채워주는 어머니의 손맛이 자꾸만 그리워진다.

chapter 3

우리는 무엇으로 다시 만날까

　신안군은 드넓은 갯벌과 크고 작은 천 개의 섬이 어우러진 곳이다. 그리움을 간직한 사람들이 산다는 압해도와 하얀 백사장이 일품인 임자도. 온통 보라색으로 물든 퍼플섬이 사람들의 발길을 이끈다. 육지와 섬을 잇는 천사대교가 개통한 이후로 오고 가기가 훨씬 수월해졌다.

　안좌도는 고요한 섬이다. 봄이 끝나갈 즈음 한국 추상 미술의 거장 김환기 고택에 가 보았다. 신안의 여러 곳을 둘러볼 요량으로 나선 길에 거장의 삶을 반추해 볼 수 있는 고택이 발길을 멈춰 세웠다. 햇살을 가득 품은 고택은 곳간과 건넌방, 대청마루, 안방, 부엌이 오밀조밀 붙어 있었다.

작고 아담한 ㄱ자형의 목조 기와집 마당에 서니 타국에서 평생 고향 집을 그리워했을 그의 마음이 절절히 다가왔다. 자연의 색과 빛, 바람과 하늘을 좋아했던 어린 소년의 시선이 훗날 한국의 정서를 추상화로 담아냈으니 실로 대단하다는 생각이 들었다.

내가 좋아하는 작품 중의 하나인 〈어디서 무엇이 되어 다시 만나랴〉는 사무치는 그리움을 담은 작품이다. 김광섭의 시 〈저녁에〉 마지막 구절에서 따 온 이 제목은 고향 안좌도를 떠나 먼 타국에서 이방인처럼 겉돌았던 마음을 짙푸른 네모 점으로 그린 것이다. 친구 김광섭이 자신의 시를 연하장에 적어 보낸 것이 그림을 탄생하게 하였다고 한다. 수많은 점이 모여 면을 만들고 이 면들이 둥글거나 네모로 이어져 있어 볼 때마다 강렬함을 주었다.

점을 하나 찍고 다시 푸른색으로 그 점을 감싸며 끝없이 그린 대작 앞에서 한참을 넋 놓고 바라보았다. 작품을 자세히 들여다보니 맨 처음의 어색함은 사라지고 어느새 보이지 않던 점들이 티끌처럼 한눈에 들어왔다. 낯선 이국땅에서 묵묵히 자신의 삶을 살았던 화가의 고뇌를 엿볼 수 있었다.

환기미술관에서 이 작품을 처음 마주했을 때의 감동을 잊을 수가 없다. 무수히 많은 점들이 어디로 이어지고 향하는지 알 수 없지만 바라보는 동안 알 수 없는 뭉클함이 밀려왔다. 사각 틀에 모인 점들이 저마다 빛나고 있는 듯 보이지만 멀리서 보면 광활한 우주 안에 또 하나의 세계가 있는 듯 느껴졌다.

김환기는 고향이 그리울 때, 가족이 보고 싶을 때마다 점을 찍었다. 매일 열여섯 시간씩 쉬지 않고 점을 찍으며 외로움을 달랬다. 화가가 쓴 일기를 보면 '친구의 편지에 이른 아침부터 뻐꾸기가 울어댄다고 했다. 뻐꾸기 노래를 생각하며 종일 푸른 점을 찍었다.'고 적혀 있다. 지독한 향수를 달랠 마법의 묘약처럼 큰 화폭에 쉴 새 없이 찍었던 점들….

저렇게 많은 별 중에서/ 별 하나가 나를 내려다본다/ (중략) / 이렇게 정다운 너 하나 나 하나는/ 어디서 무엇이 되어/ 다시 만나랴
― 김광섭 〈저녁에〉 중에서

넓은 세상, 많은 사람들과 만난다는 것은 아주 특별한 일이다. 우리와 연결된 사람들과의 시간도 무수한 고리처럼 서로 이어져 있다. 하루도 쉬지 않고 붓을 들었던 김환기의 예술의 흔적을 찾아 나선 길에서 문득 인연의 소중함을 생각해 본다.

우리는 무엇으로 다시 만날까. 잔잔히 흐르는 개울물처럼 한번 맺은 인연이 우연이 아니라 필연인 것처럼 살아야겠다.

chapter 3

꿈속의 고향

　드넓은 철원평야를 품고 있는 대마리는 분단의 아픔을 가장 가까이에서 느낄 수 있는 최북단 마을이다. 한국 전쟁 이후 민간인 출입이 통제되었으나 이제는 누구나 자유롭게 오가는 곳이 되었다. 한때 지축을 흔드는 포성과 치열한 분단의 현장이었던 철원의 시간을 어찌 다 헤아릴 수 있을까.
　아버지의 고향이자 그리움의 땅인 철원읍 대마리에 언젠가 꼭 한번 와 보고 싶었는데 이제야 찾아오게 되어 감회가 남다르다. 아들이 혼자 여행을 하면서 할아버지의 고향이 이쯤 어딘가에 있을 거라며 사진을 찍어 보내준 적 있다. 덕분에 위안을 받았던 기억이 난다. 고향 땅을 밟아 보지 못하고 돌아가신 아버지. 그 망향의 아픔을 생각하면 절로 고개가 숙어진다.

띄엄띄엄 키 낮은 건물들 사이로 내려온 햇살이 따뜻하고 평화롭다. 조용히 침묵으로 일관하고 있는 시가지의 모습을 보니 이곳이 한때 전쟁의 최전선이었다는 것이 실감이 나지 않는다. 제적등본의 지번을 근거로 여기저기 돌아다녀 보았는데 도무지 찾을 수 없어 대마리 읍사무소에 전화를 걸었다. 서류상의 주소가 현재 어디쯤인지 대충 알고 가면 좀 수월할 것 같다며 이곳을 찾아온 사정을 설명하였다. 찾기가 쉽지 않으리라는 걸 알면서도 기다리는 동안 마음이 조급해졌다.

한참 후에 현재 이곳이 어디인지 찾을 수 없다는 답변이 돌아왔다. 전쟁으로 모두 허물어져 수복지역 내에 있는지 아니면 분단선 바깥쪽에 있는지 가늠이 힘들다는 것이다. 이전의 지역 경계선이 모호하니 그냥 눈짐작으로 인근을 둘러보고 가기를 바란다는 친절한 안내를 해 주었다.

끝없이 펼쳐진 들판 어딘가가 당시의 지번이 아닐까 생각하니 뭐라 형언할 수 없는 뭉클함이 밀려왔다. 대마리는 평생 아버지에게 그리움과 회한의 땅이었다. 아들만 다섯을 둔 조부모님께서는 마을의 대농으로 넉넉하고 풍족한 삶을 사셨다고 한다. 지형적인 특성상 남한으로 가는 교두보였던 철원을 먼저 빼앗으려는 전쟁은 아버지의 인생을 송두리째 앗아갔다.

난리통에 피난을 가지 않고 끝까지 고향 집을 지키겠다며 남으셨던 부모님을 두고 입대를 한 아버지의 걱정은 이루 말할 수 없었다. 하루하루 시간이 갈수록 전쟁의 포화는 깊어 갔고 전장을 누비던 전우도 떠나갔다. 휴전이 되어 돌아온 고향은 어디가 어딘지 분간이 안 될 정도로 폐허가 되어 있었다. 형제들은 전사를 하였거나 이산가족이 되었고, 부모님은 고향 집과 함께 세상을 떠나셨다. 아버지의 눈물 어린 한탄을 들으며 꼭 한번 이곳에 모시고 오겠다며 약속을 했는데 지키지 못해 늘 죄송하기만 하다.

한참 이런저런 상념에 잠겨 있다가 차를 돌려 백마고지 전적비가 세워진 곳으로 한번 가 보기로 하였다. 백마고지는 아버지께서 참전하셨던 전투였다는 걸 알기에 온 김에 둘러보기로 한 것이다. 가는 길 곳곳에 붉은 '지뢰' 경고판이 눈에 들어와 긴장감이 느껴졌다. 아직도 제거하지 못한 수천 개의 지뢰가 여전히 전쟁을 예고하듯 위태롭게 남아 있다니 아찔했다. 철원은 어디를 가나 아직도 전쟁의 상흔이 남아 있어 발걸음이 가볍지 않았다. 끝나지 않은 전쟁의 위험이 눈앞에서 절절하게 다가왔다.

백마고지가 바라보이는 곳에 섰다. 남북이 서로 한 치의 땅이라도 차지하려고 열흘 동안 피맺힌 공방전을 벌였던 곳이다. 그러나 지금은 아무 일 없다는 듯 평화로워 보인다. 한 치 앞도 보이지 않는 컴컴한 어둠 속에서 목숨을 걸고 싸웠다며 그때 상황이 환영처럼 나타났다 사라지곤 했다는 아버지의 말씀이 생각났다.

태극기가 바람에 휘날렸다. 사열하듯 서 있는 자작나무 사이로 나부끼는 태극기를 향해 아들이 늠름하게 경례를 하였다. 외할아버지와 순국 장병들을 향해 엄숙한 자세로 서 있는 모습을 보니 울컥 눈물이 났다. 철원에서 태어났지만 경상도 땅에 뿌리를 내리고 수십 년 세월을 살아온 당신의 인생이 내게는 큰 바위처럼 느껴졌다.

chapter 3

사람이 그립다

춘천역에 도착해 역사에 들어갔다가 순간 멈칫하고 말았다. 승객이 들어오는 개찰구와 기차표를 구입하는 매표소에 사람은 없고 여러 대의 키오스크만 줄지어 서 있었기 때문이다.

아무 일도 아니란 듯 기계 앞에 서 있는 사람들의 무표정한 얼굴만이 어색한 분위기를 감싸는 듯하다. 사람이 사람을 도와주던 시대가 끝나버리고 마치 로봇나라에 온 느낌이 든다. 생활의 편리함을 주는 시스템이라 반가우면서도 적응이 쉽지 않다.

이름난 찻집이나 식당에 설치된 키오스크 앞에 길게 줄을 서서 차례를 기다리고 주문하는 모습이 이젠 낯선 풍경이 아니다. 어디든 가는 곳마다 기계가 사람의 자리를 대신하고 있다는 현실에 적응하려고 애쓰는 중이다. 국수 한 그릇을 먹으려고 들어선 시골 식당에서도 나를 반기는 것은 사람이 아닌 작은 화면이다. 몇 번의 터치만으로 먹고 싶은 메뉴를 선택하고 결제까지 해 주는 시스템이 편하면서도 어쩐지 어색하다.

주문을 하고 나면 다음은 배달 로봇이 음식을 싣고 와 얼른 가져가라고 버티고 서 있다. 가만히 앉아서 대접받는 시대가 아니라 내가 스스로 챙겨 먹어야 하는 현실이 요즘의 풍경이다. 거기에 더해 먹고 난 그릇도 다시 로봇을 불러 내 손으로 치워야 하니 모든 과정이 편리함보다는 서글픔을 안겨 준다.

가끔 식당에서 혼자 주문을 못해 서성이는 어르신을 볼 때면 얼른 가서 도와드리기도 한다. 작동에 능숙한 사람이라면 몰라도 그렇지 않다면 사용할 때마다 주위의 도움을 받아야 하기에 번거롭기도 하다. 키오스크의 사용법을 배우려고 복지관을 찾아간다는 어르신들의 이야기가 남의 일 같지 않다. 모든 것을 홀로 결정하고 버텨 내야 하는 고립의 장벽 앞에서 얼마나 주눅이 들지 생각할수록 아이러니하다.

사람이 사람을 비대면으로 대하는 시대에 살다 보니 요즘은 배달 음식을 시키더라도 문 앞에 두고 가기를 주문한다. 굳이 얼굴을 보지 않아도 내가 필요한 것만 받으면 된다는 것이다. 사람들과 어울리지 않고 모든 걸 혼자서 해결해야 하는 상실의 시대가 온 것 같아 가끔 허탈하기도 하다.

하루하루가 새로움의 연속이다. 스마트 가전의 진화는 계속되고, 인공지능의 발전은 일상의 많은 부분에 편리함을 주고 있다. 디지털 시대에 산다는 것은 혜택이면서도 사람과 사람 사이의 간극을 잃어버리게 하는 것 같아 아쉽기만 하다.

"어서 오세요. 무엇을 도와 드릴까요?" 하며 반갑게 인사를 하고 맞아주던 사람이 그리운 세상이다.

chapter 3

웃음 한번 웃어봐요

　내게는 '마음이 우울할 때나 화가 날 때 거꾸로 돌려 보세요.'라고 적힌 책갈피가 하나 있다. 여기에는 작은 눈을 내리깔고 입술을 씰룩이는 그림이 그려져 있는데 이걸 거꾸로 돌리면 싱긋이 미소 짓는 얼굴이 나온다. 오래전에 누군가에게 받은 것으로 가끔 기분이 좋지 않을 때 이걸 보고 있으면 웃음이 나온다.

　요즘 만나는 사람들의 얼굴 모습은 대체로 무표정하다. '웃으면 복이 온다.'는 말이 있을 정도로 예전에는 웃음의 중요성을 강조했는데 요즘엔 환하게 웃는 얼굴을 여간해서 보기가 쉽지 않다. 잇몸을 드러내고 큰 소리로 활짝 웃었던 적이 언제였는지 기억도 가물가물하다. 공공장소에서 사람들이 한바탕 웃는 모습을 보기만 해도

일상의 스트레스를 훅 날리듯
시원한 웃음 한번 웃어보자.
내 몸이 보내는 긍정의 에너지로
하루가 즐거워지도록.

상쾌한 느낌이 든다.

조선시대에는 임금을 웃기는 '웃음내시'가 있었다고 한다. 제한된 공간에서 스트레스를 받으며 살아야 하는 왕에게 웃기는 이야기나 상황극을 보여 주어 건강하도록 도움을 주었다는 것이다. 지금은 사람들을 웃기는 직업인 개그맨이 힘들게 살아가는 우리들을 위로해 주고 있으니 다행이라고 해야 할까.

성인이 하루에 웃는 횟수보다 어린아이들이 훨씬 많이 웃는다고 한다. 나이를 먹을수록 점점 삶에 진지해지기 때문일까. 횟수와 상관없이 수치만으로도 어른들이 아이들보다 잘 웃지 않는다는 것을 알 수 있다.

가끔 모임에서 누군가 소리 내어 웃을 때면 전염된 듯 다 같이 박장대소한 적이 있다. 웃음은 우리 몸을 지키는 가장 쉬운 건강법이다. 대인 관계를 원활하게 하고, 면역력을 높여 질병을 치유하는 데 도움을 준다는 웃음의 효과를 모르는 사람은 없을 것이다. 억지로라도 웃는 연습을 하다 보면 진짜로 웃는 것처럼 효과가 있다고 하니 이참에 한번 실천해 봐야겠다.

연일 푹푹 찌는 찜통더위가 이어지고 있다. 날씨를 탓할 순 없지만 여유를 가지고 잠시 느긋하게 웃으며 일상의 쉼표를 찍어보면 어떨까. 만나는 사람들에게 기분 좋은 행복 바이러스를 무한으로 나눠 줄 수 있는 청정의 미소를 보내보자. 일상의 스트레스를 훅 날리듯 시원한 웃음 한번 웃어보자. 내 몸이 보내는 긍정의 에너지로 하루가 즐거워지도록.

Park
Gwiyeong
Essay

chapter 4

인생의 숨구멍

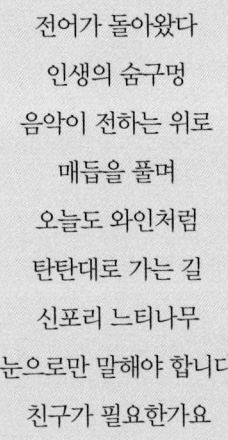

전어가 돌아왔다
인생의 숨구멍
음악이 전하는 위로
매듭을 풀며
오늘도 와인처럼
탄탄대로 가는 길
신포리 느티나무
눈으로만 말해야 합니다
친구가 필요한가요

chapter 4

전어가 돌아왔다

　사천만 끝자락에 있는 비토섬을 찾았다. 지난해 먹고 간 전어 맛을 잊지 못해 한걸음에 달려온 길이다. 별주부전의 고향답게 토끼와 거북이의 해맑은 미소가 섬 길 여기저기에서 환하게 우리를 반겨주었다. 간간이 불어오는 바람이 여름 햇살과 어우러져 선선한 느낌으로 다가왔다.

　가을의 전령인 귀한 전어를 이곳에서는 다른 곳보다 한 달 정도 먼저 먹을 수 있다. 매일 아침 연안에 나가 잡아 온 싱싱한 전어를 먹는다는 것만큼 행복한 일은 없다. 양식으로 키우는 것과는 비교가 안 될 정도로 육질이 단단하고 고소하다. 씹으면 씹을수록 감칠맛이 나니 자꾸만 손이 갈 정도다.

살이 통통 오른 은빛 전어가 물살을 가르며 돌아오는 이맘때쯤이면 비토섬엔 싱싱한 전어를 먹으려는 사람들로 넘쳐난다. 생선회는 횟감의 종류에 따라 맛과 영양이 다르지만 생선 본연의 맛을 느낄 수 있어 즐겨 먹게 된다. 30년 가게라고 써 붙인 안내판에서 세월의 연륜을 느끼며 약속이나 한 것처럼 우리는 오랜 단골 횟집으로 향한다. 입구에 있는 수족관에서 유유히 헤엄치는 전어들을 보는 순간 입안에 침이 고인다. 이른 시간인데도 벌써 식당 안은 손님들로 가득하다.

회를 시켜 놓고 기다리는 동안 전채 요리를 맛보듯 푸짐한 한 상을 받으면 기분 좋은 시식을 하는 재미가 있다. 바다 향 가득한 소라와 고동이 상 위에서 바다 내음을 전하는 동안 오물오물 맛 잔치가 벌어진다. 도시의 횟집과는 다르게 소박한 인심이 묻어나는 정겨운 풍경이다.

오래도록 변하지 않은 그 맛, 붉은빛이 도는 전어 속살을 먹기 위해 기다리는 시간이 지루하지 않다. 전어회는 뼈째 썰어도 좋고, 포를 떠 썰어 내어 좋아하는 취향대로 즐기면 된다. 산지에서 먹는 회 맛은 어디에도 비교할 수 없을 만큼 신선하다. 그냥 초장에 먹어도 좋지만 된장에 땡초와 마늘을 마구 다져 넣은 쌈장에 푹 찍어 먹어야 더욱 맛있다. 깻잎 위에 회를 푸짐하게 얹어 한 쌈 입에 넣으면 옆 사람 눈치 볼 필요 없이 그 맛에 대~박 하고 소리를 지르고야 만다.

적당히 기름기가 감도는 전어의 풍미를 입안에서 느껴본다. 문득 어머니 생각이 난다. 어머니는 가을이 오면 어시장에서 전어를 푸짐하게 사 와 마당에서 구웠다. 온 동네 사람들의 후각을 자극하는 전어 굽는 냄새로 우리 집 저녁 반찬이 뭐라는 걸 알리곤 했다. 살을 일일이 발라 먹는 다른 생선과 달리 머리부터 꼬리까지 갈비를 먹듯 후루룩 훑어 먹는 전어구이는 예나 지금이나 군침 도는 음식이었다.

경상도 사람들만큼 회를 좋아하는 사람들이 또 있을까. 일 년 내내 철마다 다양한 어종의 생선들을 회로 먹는 걸 즐긴다. 봄에는 도다리를, 여름에는 갯장어를, 가을에는 전어를, 그리고 겨울에는 숭어를 즐겨 먹으니 산해진미가 부럽지 않다.

비토섬 앞바다에 고깃배들이 둥실 떠 있다. 지루한 여름이 언제 그랬냐 싶게 끝나갈 즈음 비토섬의 전어를 먹는다는 것은 축복받은 일이다. 정일근 시인의 시 한 구절이 절로 생각날 만큼 행복한 일이다.

시인이여/ 저무는 가을 바다로 가서 전어나 듬뿍 썰어달라 하자/ 잔뼈를 넣어 듬성듬성한 크기로 썰어달라 하자/ 바다는 떼 지어 헤엄치는 전어들로 하여 푸른 은빛으로 빛나고/ (하략)

─ 정일근 시인의 〈전어〉 중에서

이제 또 한 계절이 가고 새로운 시간을 맞이해야 할 때가 온 것 같다. 사천만에서 잡히는 은빛 전어회 한 접시를 먹고 나면 없던 입맛도 쑥 살아나리라. 전어가 돌아왔다. 꼴깍 침 고이듯 가을이 오고 있다.

chapter 4

인생의 숨구멍

얼마 전 예상치 못한 일로 병원에 입원을 하였다. 갈비뼈가 골절이 되었다는 진단을 받았기 때문이다. 갈비뼈 골절은 별다른 치료 없이 그냥 다친 부위에 복대를 하고 안정을 취해야 한다며 아무것도 하지 말라는 처방이 내려졌다. 옆으로 눕지도 못하고 천장만 보고 가만히 누워 있는 일은 여간 힘든 것이 아니었다. 아침 일찍 눈을 뜨면 오늘 하루는 또 어떻게 보내야 할지 무료하기만 했다.

자유롭게 일상을 누비는 것이 얼마나 소중한지 막상 다치고 나니 실감이 되었다. "피할 수 없으면 즐기라."고 말했던 어느 시인의 말처럼 이번 기회에 제대로 한번 쉬어 보리라 마음을 다잡았다. 몸이 아픈 환자들과 병실에서 그저 시간을 죽이고 있어야 한다는 것에 갑갑증이 났지만 조금씩 적응해 나갈밖에 도리가 없었다.

티브이에서 제주 해녀들의 모습을 보았다. 특별한 장비 없이 맨몸으로 깊은 바다에 몸을 던져야 하는 그녀들의 작업은 늘 긴장 속에서 이어졌다. 평생 물질을 하면서 생계를 이어 온 삶은 우리가 짐작할 수 없을 정도로 고통을 수반하고 있었다.

처음 해녀가 되는 신참에게 베테랑 해녀인 고참은 "니 숨만큼 하라이" 하며 숨을 참으려면 쉴 줄도 알아야 한다고 알려 주었다. 깊은 물속의 해산물이 아무리 탐이 난다고 해도 가져올 수 있을 만큼만 가져와야 한다는 것이다. 자기가 뻗은 한 팔의 길이가 목숨을 살린다는 가르침을 항상 염두에 두며 그녀들은 쉼 없이 물질을 계속하였다. 해녀의 애환과 시름을 지켜보면서 온전히 자신의 숨으로만 삶을 긷는 모습이 잔잔하게 다가왔다.

살다 보면 예기치 않은 일도 당하고, 견디기 힘든 일도 겪게 되는데 아무리 어려워도 이겨내야 하는 것이 인생의 몫이라는 생각이 들었다. 움직임이 자유롭지 못해 잠시 좌절하고 있던 나에게 해녀들의 삶은 몸의 감각을 마음으로 치유하라는 울림으로 다가왔다.

나를 숨 쉬게 하는 나만의 숨구멍은 무엇일까. 특별할 것 없는 평범한 일상이지만 그 속에서 나를 위로하고 격려해 주는 것이 있는지 생각해 보았다. 운동을 하거나 여행을 하는 사람, 열심히 하루하루 사는 사람들 모두 자기만의 방식으로 삶을 이겨내고 있을 것이다.

인생의 안내자처럼
음악과 책이 밝은 빛으로
나에게 조금씩 숨구멍이 되어 주었다.
나의 인생행로에 깜빡이를 켜듯
들숨, 날숨 크게 쉬며
오늘 하루도 따스한 햇살처럼 시작한다.

나는 노래 듣는 걸 좋아하는 편이다. 힘들 때 음악을 들으면 위로와 치유를 얻을 수 있어 항상 내 옆에는 미니 오디오가 있다. 악마에게 영혼을 판 천재 바이올리니스트 파가니니와 리스트의 음악에 매료되어 몇 번이고 반복해서 듣곤 한다. 파가니니의 바이올린 연주곡은 청중을 홀릴 정도로 대담한 기교와 테크닉으로 섬세하고 아름답다. 가만히 눈을 감고 들으면 즉흥적으로 연주한 것이라고는 믿기지 않을 정도다.

이에 반해 리스트는 파가니니의 바이올린 연주를 듣고 피아노로 그와 같은 효과를 내고자 했다. 어찌 보면 둘 다 시대를 앞서간 대단한 음악가였다는 생각이 든다. 음악을 들으며 유유히 지나가는 시간을 마주하는 동안 분분했던 마음들이 차츰 안정을 찾아가는 기분이 든다.

가볍게 길을 걷거나 어디로든 훌훌 떠나는 여행의 재미도 있지만 그보다는 다양한 음악을 들을 때의 편안함이 좋다. 그것은 내가 미처 알지 못하는 미지의 세계로 가는 통로에 들어가는 느낌이 들기 때문이다.

도서관에서 책을 대여해 달라고 가족에게 부탁을 하여 틈날 때마다 읽고 또 읽는다. 몸은 조금 힘들지만 시간이 지날수록 다른 사람들의 생각과 지식을 만나게 되어 영혼이 살찌는 것 같다. 음악을 들으며 명상하듯 독서를 하니 훨씬 도움이 된다.

인생의 안내자처럼 음악과 책이 밝은 빛으로 나에게 조금씩 숨구멍이 되어 주었다. 음악이 가득한 공간에서 책을 읽으며 내가 하고 싶은 일들을 하나씩 해 나가는 지혜를 펼쳐가고 싶어진다. 나의 인생행로에 깜빡이를 켜듯 들숨, 날숨 크게 쉬며 오늘 하루도 따스한 햇살처럼 시작한다.

chapter 4

음악이 전하는 위로

영화를 보고 있으면 중간중간 나오는 영화 음악에 관심이 많이 가는 편이다.

영화 음악의 거장이라 불리는 엔니오 모리꼬네가 남긴 〈시네마 천국〉 〈미션〉 등의 곡들은 영화만큼이나 불후의 명작으로 아직까지 사랑을 받고 있다. 아주 인상 깊은 첫 장면이나 마지막을 장식하는 자막이 나올 때 흘러나오는 음악은 영화의 대미를 장식하곤 한다.

얼마 전 영화 〈쇼생크 탈출〉을 다시 볼 기회가 있었다. 이 영화는 주인공 앤디의 교도소 입소부터 탈옥까지 그 과정을 동료 죄수 레드의 시선으로 그려나간 휴먼 드라마다. 아내를 살해했다는 억울한

누명을 쓰고 온갖 고초를 겪으면서도 희망을 버리지 않은 앤디의 모습이 보는 내내 긴장과 스릴을 느끼게 했다.

교도소 도서관을 만들기 위해 공들인 끝에 중고 도서와 음반들을 받고 정리를 하다 발견한 LP 레코드를 흐뭇한 미소로 바라보는 앤디. 소중한 물건을 다루듯 조심스럽게 턴테이블 위에 LP를 올리는 그의 표정은 그 어느 때보다 평화롭다. 방송실 문을 잠그고 레코드를 트는 순간 여성 소프라노의 맑고 아름다운 목소리가 마치 두 마리의 꾀꼬리가 노래를 하는 듯한 착각에 빠지게 한다. 이 곡은 〈피가로의 결혼〉 중 제3막 '편지의 이중창'이다.

백작 부인과 시녀가 남자 주인공을 죽이기 위해 계략을 짜는 오페라 한 장면을 연상하게 하는 매력적인 아리아다. 전설적인 두 명의 소프라노가 부르는 이 곡은 가슴을 찌릿하게 만들 만큼 매혹적이다. 교도소 안 녹슨 나팔 스피커를 통해 나오는 음악으로 작업장에서 일하거나 병상에 누워 있던 죄수들이 무엇에 홀린 듯 꼼짝을 못한다.

무료하게 시간을 보내던 운동장의 죄수들까지 일제히 스피커를 향해 멍하니 쳐다보는 모습이 정지된 화면처럼 스크린을 메운다. 자유를 억압하는 폐쇄된 공간에서 울려 퍼지는 아름다운 노래가 이들에게 어떻게 들렸을까. 영화에서뿐 아니라 음악을 듣고 있는 관객들에게도 아름다운 선율로 다가와 모두 극 속으로 빠져들게 만든다.

그 목소리는 이 회색 공간의 누구도 감히 꿈꾸지 못했던 하늘 위로 높이 솟아올랐다. 마치 아름다운 새 한 마리가 우리가 갇힌 새장에 날아 들어와 벽을 무너뜨린 것만 같았다. 아주 짧은 한순간 쇼생크의 모두는 자유를 느꼈다.

레드의 나지막한 내레이션이 잔잔한 울림을 준다. 음악으로 자유를 꿈꾸다니 상상만으로도 뭉클하다. 부드러운 리듬에 실려 오는 감미로운 아리아, 스토리를 능가하는 음악의 힘이 대단하다는 생각이 든다. 음악만큼 사람의 마음을 아름답게 물들이는 것이 또 있을까.

어릴 적 우리 집에는 어두운 브라운 계열의 턴테이블과 스피커가 한데 놓인 전축이 있었다. 작은방 한쪽에 자리 잡은 전축에서 흘러나오는 다양한 음악은 날마다 내게 신세계를 만나게 해 주었다. 팝송이나 유행가, 클래식까지 장르별로 가지런히 정리되어 있던 LP판의 리듬은 낯설었지만 늘 새롭게 다가왔다. 어렵고 지루하던 음악이 어느샌가 마음을 어루만지며 나의 감성을 일깨워 주었다.

모차르트의 클라리넷 협주곡을 듣는다. 이 곡은 모차르트가 생의 마지막 순간에 남긴 곡이다. 감미롭고 따뜻해 매일 아침 나의 하루를 상큼하게 만들어 준다. 단순한 소리가 아닌 가장 순수한 언어인 음악이 주는 감동이다.

하루 종일 내 곁에는 다양한 종류의 소리를 품은 음악이 함께하고 있다. 휴대폰 벨 소리, 가게에서 울려 퍼지는 노래들, 라디오에서 흘러나오는 클래식이 내 삶 속으로 스며든다. 공간이 아닌 시간의 예술인 세상의 모든 음악을 위하여 가만히 볼륨을 높인다.

얽힌 것을 풀기 위해서는
더욱 느슨하게 풀어줘야 한다는
옛사람들의 말처럼
사람 사는 일도 매듭과 같다는 생각이 든다.
매듭을 짓는 것만큼
잘 푸는 것도 중요하다.

chapter 4

매듭을 풀며

옷장을 정리하다 오래전에 짠 털 스웨터를 발견했다. 손재주가 없어 한동안 붙들고 있다 어렵사리 완성한 뜨개옷이어서 잘 챙겨 두었었다. 친구에게 물어가며 만든 옷이라서 그런지 다시 보니 반가움이 앞선다.

뜨개질은 두 개의 바늘을 사용하여 실을 엮어 천이나 옷을 만드는 기술이다. 바늘에 실을 걸쳐 매듭을 만들고 이어서 새로운 매듭을 연결해 나가면서 꽈배기 모양을 만드느라 무척 애를 먹은 기억이 난다. 한 코만 빠트리면 얼기설기 모양이 달라져 실을 풀었다 다시 뜨면서 완성했으니 내겐 애지중지 소중한 옷이다.

재주가 좋은 친구는 만들어 놓은 스웨터를 풀어 새로운 모양으로 다시 만들기도 했는데 매듭을 풀 때도 처음처럼 정성을 들이곤 했다. 끝부분을 쉽게 잘라 버리면 될 텐데 가만히 들여다보며 푸는 모습을 볼 때마다 진심이 느껴졌다. 뜨개는 코를 엮어가듯 시간을 엮어가는 일인 것 같다. 세월이 지나고 보니 느리지만 온전하게 풀어내는 일이 삶에 중요하다는 걸 알게 되었다.

가끔 촘촘하고 작은 줄로 만들어진 목걸이가 서로 엉켜 푸느라 애를 먹을 때가 있다. 실이나 끈처럼 가위로 자르면 쉽겠지만 그렇지 못하니 어설프게 풀어 보려고 해 봐도 더욱 꼬여 당황하기도 한다. 이럴 땐 꼬인 줄을 전체로 보지 않고 가만히 따라가다 보면 끝이 조금씩 눈에 들어와 실마리를 찾게 된다.

한쪽 고리를 살짝 들어 안으로 밀어 넣으면서 가닥을 잡고 가는 핀으로 이리저리 넣고 빼면 조금씩 공간이 생기는 것이다. 손바닥으로 살살 비벼 뭉친 부분이 조금 느슨해지도록 한 다음에 한 가닥씩 풀면 쉬워진다. 심하게 뭉친 줄도 이렇게 하면 시간이 걸려도 웬만해선 풀린다.

우리 속담에 '얽힌 실타래는 당기지 마라'는 말이 있다. 얽힌 것을 풀기 위해서는 더욱 느슨하게 풀어줘야 한다는 옛사람들의 말처럼 사람 사는 일도 매듭과 같다는 생각이 든다. 꼬인 것, 화난 것, 억울한 것들은 가만히 두면 더욱 뒤엉키게 되니 그 매듭을 푸는 지혜가 필요한 것 같다.

매듭을 짓는 것만큼 잘 푸는 것도 중요하다. 누군가에게 무심코

내뱉은 말 한마디가 상처를 주진 않았을까. 나와 맺은 인연들에 아직 풀지 못한 매듭은 없는지 가만히 되물어 보며 내 마음의 고리부터 풀어나가야겠다.

chapter 4

오늘도 와인처럼

제주에 가기로 한 날이었다. 여행은 돌아올 때보다 떠나기 전이 훨씬 설렌다. 몇 달 전부터 기다리던 낯선 곳으로의 여행이어서 그런지 살랑살랑 기대가 되었다. 어디를 갈지 누구를 만날지 생각만 해도 미소가 지어졌다. 여행 가방 안에 사랑스러운 여인의 미소를 닮은 상큼한 로제 와인 한 병도 챙겨 넣었다. 레드 와인과 화이트 와인의 중간인 부드러운 맛과 핑크빛에 취해 보고 싶었기 때문이다.

여행사에서 강풍으로 비행기가 결항이 된다는 문자가 온 건, 이런저런 상상을 하며 가방을 마저 챙기던 때였다. 강한 바람과 폭우로 여행 일정을 취소한다는 통보였다. 혹시나 다른 시간에 이륙할

비행기가 있을지 대체해 주기를 기다려 보았지만 결국 이마저도 출발 직전 결항이 되어 버렸다. 덩그러니 놓여 있는 가방을 보면서 한 치도 예측할 수 없는 우리네 인생이 오버랩되었다.

제주가 아니면 어떻겠는가. 발길 닿는 대로 어디든 떠나보기로 하였다. 하얀 파도가 넘실대는 동해바다도 좋고, 내륙의 흥취도 실컷 느껴보고 싶었다. 계획 없이 나선 차는 경부고속도로를 지나 영동 와이너리로 향했다. 영동은 포도 농사를 짓기에 최적의 환경을 가진 전국 최고 포도 생산지다. '포도주를 만드는 양조장'이라는 뜻을 가지고 있는 와이너리에서 와인에 대해 배우고 싶었다. 세계 와인과 견주어도 손색이 없는 한국 와인이 제조되는 과정을 보고 체험할 수 있다니 벌써부터 마음이 들떴다.

와인만큼 역사가 깊은 술이 어디 있을까. 수천 년 전에 이미 이집트와 그리스를 거쳐 로마에 전파되었을 만큼 유래가 깊은 이 술을 마다할 사람은 없을 듯하다. 긴 역사를 자랑하는 레드 와인이나 다양한 과일 향을 즐길 수 있는 화이트 와인, 그리고 알콜 도수가 낮은 스파클링 와인 등 달콤한 맛에 반하지 않을 수 없다.

"포도밭부터 돌아봅시다." 환한 미소를 띠며 반갑게 맞아주는 농장주를 따라 넓은 포도밭으로 들어갔다. 소백산 추풍령 자락의 햇살과 바람을 맞으며 잘 익은 검붉은 포도송이가 탐스럽게 달려 있었다. 손으로 들어 올려 한 알 따 먹으니 입안 가득 달콤한 단물이 터져 나와 기분까지 상큼했다.

해마다 여름이면 제철 과일인 포도를 사 와 포도주를 담가 선물하는 행복을 맛본다. 보랏빛이 감도는 포도송이는 알알이 탱글하여 보는 것만으로도 즐거움을 주었다. 내가 만드는 포도주는 아주 단순하고 평범하지만 이렇게 만든 포도주를 작은 병에 담아 집에 누가 놀러 오거나 어디를 방문할 때 전해주는 기쁨이 있다. 깊은 맛을 내는 전문 와인에 비할 바는 아니지만 입안에서 감도는 달콤한 알콜의 향기를 느껴보기엔 이만한 것이 없다는 생각에 덤벙덤벙 내 마음을 전하곤 했다. 집에서 담근 포도주가 약식이었다고 해도 정성을 듬뿍 쏟은 내 마음을 받아 든 사람들의 행복한 표정을 보는 것이 좋았다.

와이너리에서 와인을 만드는 체험은 사람들에게 소소한 행복을 전해 주었다. 우선 직접 딴 포도 알맹이를 으깨고 즙을 짜는 것으로부터 시작이 되었다. 약간의 효모를 넣어 1차 알코올 발효를 한 다음, 즙을 짜내 다시 2차 발효와 숙성으로 와인이 만들어지니 기다림의 시간은 자연스러운 선물이 되었다. 이 세상에 똑같은 와인은 없다고 했던가. 음식과 사람, 기분에 따라 맛이 달라진다고 하니 조금의 수고로움이야 뭔 대수겠는가.

좋은 와인을 구별하기란 생각처럼 쉽지 않지만 그래도 나는 한 가지 원칙은 고수하는 편이다. 내가 구입한 와인을 같이 마실 사람을 생각해 보는 것이다. 좋아하는 사람들과 맛있는 와인 한 잔을 마주 앉아 함께 마실 때의 즐거움은 어디에다 비교할 수 없다.

내가 처음 마신 와인은 떫은 맛이 강한 보르도 와인이었다. 무슨 맛으로 이걸 마시는지 푸념을 늘어놓으면 사람들은 그냥 편하게 마셔보라며 권하곤 했다. 와인을 마시는 것은 혀에 직접 닿는 맛과는 또 다른 즐거움을 준다. 물처럼 밋밋한 인생이 적당하고 알맞게 숙성되어 가장 맛있는 와인이 되듯 나도 천천히 익어가도록 애써야겠다.

바다가 내려다보이는 와인바에서 어슴푸레한 저녁 풍경을 보며 레드 와인 한 잔 마신다. 낮게 드리운 어두운 조명 아래 잔잔히 흐르는 '베사메무쵸Besame Mucuo' 음악이 감미롭다.

누구나 편하고 탄탄한 길을 걷고 싶지만
생각뿐 쉽지 않다.
탄탄대로는
완벽한 외부의 조건이 아니라
흔들리지 않는 마음으로부터 시작된다는 걸
다시금 느낀다.

chapter 4

탄탄대로 가는 길

강원도 정선군의 여름은 시원하고 청량하다. 굽이굽이 이어진 국도를 달리다 보면 자연이 주는 고즈넉함을 느낄 수 있어 가슴이 탁 트이다. 더위를 피해 이곳으로 휴가를 올 정도로 내겐 넉넉한 품을 내어 주는 곳이다. 바쁘게 살아온 시간을 잠시 멈추고 쉼표 하나 찍기에 이만한 곳이 없다.

고한읍과 사북 지역으로 이어지는 '탄탄대로 가는 길'을 좋아한다. 석탄 이야기가 탄탄坦坦한 세상을 만나게 해 준다는 설정으로 조성되어 있는 이 길은 과거와 현재가 하나로 이어진 새로운 공간이다. 정선, 영월, 태백, 삼척 등 폐광지역 네 곳의 생태 유산과 폐광 문화유산으로 탐방로가 만들어져 찾는 사람들이 많다.

정선에 올 때마다 이 길을 꼭 걸어보는 것으로 여정을 시작한다. 구간 구간 다르게 조성되어 있지만 내가 좋아하는 코스는 고한읍 지역을 지나는 것이다. 가끔 힘찬 기적을 울리며 달려가는 기차를 만날 때는 걸음을 멈추고 가만히 손을 흔들기도 한다. 두 갈래로 나뉜 기찻길처럼 탄탄하게 모든 일이 막힘없이 잘 풀리길 바라는 마음에서다.

쪼르륵 쪼르륵 실개천 물소리가 정겹다. 죽 뻗은 도시의 하천과는 다르게 큰 돌과 작은 돌이 서로 이웃하며 물꼬를 열어 주는 모습이 자연스럽다. 세상으로 나 있는 수많은 길은 서로 연결되어 결국은 하나의 지점에 다다른다고 하였던가. 자잘한 돌무더기에 막혔다가 다시 제 갈 길로 드는 물줄기는 더 너른 세상으로 가기 위해 쉬지 않고 먼 길을 떠난다. 한때 검은 시냇물이 흘렀다는 지장천을 바라보며 묵묵히 자기 길을 가는 모습에서 인생을 배운다.

한참을 걸으니 정선의 옛 모습이 담긴 사진이 띄엄띄엄 눈에 띈다. 잿빛 탄광촌에 내려앉은 햇살이 당시의 모습과 교차되어 어렴풋이 빛나고 있다. 목숨을 내어놓고 일을 해도 돈만 많이 벌면 무엇이든 할 수 있다며 삶의 전선에 뛰어들었던 사람들. 탄가루에 온몸이 범벅이 된 채 희미하게 웃고 있는 광부들의 얼굴에서 녹록지 않았던 삶을 엿본다. 어두운 갱도에서 힘겨운 하루를 보내고 돌아올 때 그들은 무슨 생각을 했을까.

이런저런 생각을 하며 걷다 보니 어느새 반환점이다. 누구나 편하고 탄탄한 길을 걷고 싶지만 생각뿐 쉽지 않다. 탄탄대로는 완벽한 외부의 조건이 아니라 흔들리지 않는 마음으로부터 시작된다는 걸 다시금 느낀다. 내가 진심으로 원하는 삶이 무얼까. 누군가 만들어 놓은 길을 걷는 것보다 내가 가고자 하는 길의 방향을 제대로 알고 가려면 자신을 낮추고 겸손해야 한다는 생각이 든다.

'탄탄대로 가는 길'이라고 쓰인 파란 리본이 상징처럼 바람에 나부낀다. "이번 길은 평탄하니 천천히 걸어 보세요."라고 말을 건네는 것 같다. 솜털 같은 구름이 내 걸음을 따라 천천히 오고 있다.

chapter 4

신포리 느티나무

느티나무는 우람하고 풍성한 모습으로 우리 곁에 있는 나무다. 마을을 지키는 수호신처럼 동네 입구에 우뚝 서서 우리에게 믿음을 준다. 여기저기 무심히 서 있지만 고고한 품성은 어디에도 비유할 수 없을 만큼 일품이다. 나무를 보호하고 지키는 일이 쉬운 것 같아도 여간 정성이 들어가는 일이 아니란 걸 알기에 노거수를 만나면 고마운 마음이 든다.

의령군 신포리에 가면 늠름한 풍모를 자랑하는 느티나무가 서 있다. 멀리서 보면 나무들이 숲을 이룬 듯한데 가까이 가 보면 여러 그루가 아닌 한 나무가 온 사방으로 가지를 뻗어 내려 놀라움을 자아낸다.

봄을 시샘하는 추위에 옷깃을 여미던 날, 우연히 그곳에 가 보았다. 며칠 따뜻하던 날씨가 매서운 바람을 몰고 와 쌀쌀하였지만 노거수 앞에 서니 잠시 추위도 잊었다. 봄을 기다리는 나목의 가지가 찬 바람에 조금씩 흔들렸다. 찾아오는 사람이 많지 않아 호젓하게 나무를 대할 수 있는 시간이 주어졌다.

크고 우람한 거목 앞에 서면 마음부터 숙연해진다. 하늘과 땅을 이어주는 다리처럼 가지 사이로 바람이 지나고 시간이 머무는 곳이라는 생각이 들어 경외심이 든다. 와! 대단하다. 나도 모르게 입 밖으로 탄성이 절로 나왔다. 동서남북 사방으로 쭉 뻗어 내린 가지가 마치 살아 움직이는 것처럼 생동감이 느껴졌기 때문이다.

오백여 년의 세월이 힘들어 내려놓은 가지일까. 하늘을 향해 뻗은 가지를 가만히 거두어 땅에 내려놓고 편히 쉬고 있는 듯하다. 잎이 무성한 여름과는 달리 겨울나무는 본연의 자태로 우리를 맞이하기에 마주하고 있는 것만으로도 감동이 밀려온다. 같이 간 일행들이 빙 둘러서서 팔을 벌려 나무 주위에 섰다. 너른 느티나무의 품이 모두의 가슴으로 들어왔다.

세월을 견디며 굳세게 버티고 있는 나무를 보니 고향의 느티나무가 문득 생각났다. 나에게 쉼터가 되어 주던 마음속 나무를 어찌 잊을까. 개발의 여파로 아파트가 들어서면서 오도 가도 못하는 신세가 되어 버렸지만 고향의 상징처럼 아직 남아 있는 그 나무가 미덥기만 했다. 무더운 여름날 씨줄 날줄 같은 나뭇잎을 흔들며 시원한 바람을 만들어 주던 느티나무의 여유가 그립기만 하다.

　나무를 찬찬히 돌아보는 사이 누군가가 다가왔다. 자신을 노거수 활동가라고 했다. '수령이 오래된 나무'를 뜻하는 노거수를 찾아 전국 곳곳 많은 곳을 다녔다는 그가 신포리 느티나무에 대한 역사와 이야기를 풀어놓았다. 노거수는 그만의 숨은 이력이 있다는 것이다.

　천연기념물 느티나무로 가치를 인정받아야 한다며 이야기를 이어가는 그의 눈빛에서 자부심과 애정이 느껴졌다. 그저 눈에 보이는 외관에만 치중하던 우리에게 나무를 아끼고 보호하는 일이 중요하다는 것을 다시금 일깨워 주었다. 많은 역경을 이겨내고 굳건히 살아있는 것이 얼마나 어려운 일인지 알려주었다. 신포리 느티나무는 하나의 섬처럼 우리에게 휴식과 공간을 내어 주었으니 이제는 우리가 그 시간을 되돌려 주어야 한다는 생각이 들었다.

　겨울바람이 불었다. 둘인 듯 혼자인 듯 서로 손 맞잡고 어깨를 나란히 하고 있는 나무의 메마른 등껍질을 만져 보았다. 머지않아 푸른 잎을 틔우고 초록의 세상을 우리에게 선물해 줄 생명의 온기가 느껴졌다. 새로운 계절을 기다리는 설렘으로 지긋이 나무를 바라보았다. 천 개의 눈과 천 개의 손을 가진 천수관음보살처럼 가지를 활짝 펼친 신포리 느티나무에 정성스레 두 손을 모았다.

　"잠시 쉬어가도 괜찮아. 다 잘될 거야." 따뜻한 햇살과 바람이 되어 준 신포리 느티나무의 울림이 내게 들려왔다.

chapter 4

눈으로만 말해야 합니다

 티브이에서 방송되었던 〈아이콘텍트〉는 오직 눈빛으로만 진심을 나눈다는 주제를 담고 있다. 이런저런 사정으로 연락을 못 한 이들이 방송을 통해 서로 마음을 표현하고 전하는 모습이 신선하다.
 눈빛으로 무얼 할 수 있을까. 평소에 가깝게 지내는 사이라도 일부러 눈을 맞출 일이 많지 않기에 어색하고 불편해도 있는 그대로 마주하게 된다. 출연을 신청한 사람은 상대가 누군지 알지만 제의를 받은 사람은 상대가 누군지 모르고 나온 탓에 궁금증을 자아낸다.
 두 사람이 만나는 공간에는 가벽이 설치되어 있다. 가만히 앉아 누가 이곳에 자기를 불렀을까 생각하는 동안 말 없는 침묵이 흐른다. 이윽고 가로막고 있던 가벽이 올라가면 놀라워하는 것도 잠시, 둘은 절대 말을 해서는 안 된다. 이때부터 5분 동안 오직 눈으로만 대화를 해야 한다.

살다 보면 불편한 인간관계 때문에 곤욕을 치를 때가 있다. 절대 용서할 수 없다고 말했던 사람이 막상 눈앞에 앉아 있다면 심정이 어떨까. 두 사람에게 주어진 5분의 시간은 짧은 것 같지만, 결코 짧지 않은 시간이다. 눈빛 속에 담긴 진실을 다 읽어 낼 수는 없다고 하더라도 그 시간 동안 눈으로 말없이 소통을 하는 모습이 새롭다.

출연자들은 서로를 가만히 응시하다 멋쩍게 웃기도 하고, 같이 눈물을 흘리기도 한다. 20년 동안 그리워하다 만나서인지 애틋한 진심을 전하기도 하고, 연락이 끊겼던 동료를 만나 그동안 소원했던 일을 사과하기도 한다. 미처 전하지 못한 말을 오롯이 눈빛으로 나누는 장면은 시청자들에게 진한 감동을 전해주었다. 어쩔 수 없는 상황으로 멀어진 사람이 있다면 나는 누구에게 연락을 해 진실의 눈빛 교환을 할지 가만히 생각해 본다.

십여 년 전 허물없이 만나던 봄꽃 같은 친구가 문득 떠올랐다. 그녀와는 지란지교를 꿈꾸며 많은 시간을 함께했다. 비 오는 날이면 따뜻한 커피 한 잔과 마들렌을 먹으며 담소를 나누고, 햇살 좋은 날엔 동네 앞 조붓한 산책길을 걷곤 하였다. 소소한 일상을 나누며 서로를 살뜰히 챙기던 사이였지만 한순간의 오해로 인연의 끈이 끊어져 버렸다. 내가 옳다고 생각한 일이었는데 시간이 흐르고 보니 미

누군가의 눈을 오랫동안 응시해 본 적이 있었던가.
백 마디의 말보다
진심을 담은 눈빛이 그리워지는 봄날이다.

안한 마음이 자꾸 들었다.

　누구나 결점 없이 완벽하게 잘 산다고 생각하지만 부족함 투성이다. 친구를 다시 만난다면 어쭙잖은 지난날의 일들을 허심탄회하게 이야기하고 싶어진다.

　미움과 원망이 밀려와 절대로 용서할 수 없는 일일지라도 진심을 전한다면 스르르 마음이 풀어질 것을 믿기에. 티브이를 보는 많은 사람들도 나와 같은 생각을 할까. 그녀와 마주 앉아 진솔한 눈빛으로 그동안 말하지 못한 나의 진심을 이야기하고, 화해의 손을 내밀고 싶다. '눈으로만 대화를 해야 합니다.'라는 주제를 담은 아이콘텍트처럼 환한 얼굴로 이제는 스스럼없이 따뜻한 눈길 한번 주고받고 싶다.

　사람이 상냥하거나 친절한 척도는 인사라고 생각하지만 그보다 우선시되어야 하는 것이 마주 보며 눈을 맞추는 것이다. 누군가의 눈을 오랫동안 응시해 본 적이 있었던가. 백 마디의 말보다 진심을 담은 눈빛이 그리워지는 봄날이다.

chapter 4

친구가 필요한가요

신문기사에 '카페에 동행해 줄 친구 구합니다.'라는 글이 올라와 읽은 적이 있다. 카페에서 차를 마시며 두어 시간 같이 시간을 보내줄 친구를 구한다는 내용이었다. 친구를 구한다니 그것도 그 시간만큼 돈을 지불하겠다는 것이다.

적은 돈으로 잠깐 같이 시간을 나눌 수 있다는 아이디어가 기발해 관심을 가지고 보았다. 우연히 만난 사이지만 관심사와 성격이 비슷해 지루할 새도 없이 즐거운 시간을 보냈다고 하는데 그게 가능하다니 색다르게 다가왔다.

나이를 먹어가니 우리 인생에서 가족 못지않게 중요한 사람이 바로 친구라는 생각이 든다. 내 연락을 받고 한걸음에 달려올 친구가

혼자보다 마음 맞는 누군가와 둘이
작은 샛길이라도 걷고 싶어진다.
상큼한 바람의 향기가 설레는 만남으로 다가올 것 같아
한껏 마음 설렌다.

과연 몇이나 될까. 옛사람들은 나이 차를 뛰어넘어 진한 우정을 나누며 오래도록 교류했다고 하는데 요즘은 그렇지 않은가 보다. 낯선 사람과 엮어가는 만남은 과연 어떤 느낌으로 다가올지 궁금하다.

 내게 든든한 울타리가 되어 주는 언니의 전화를 자주 받는다. 아들이 하나 있어도 늘 바쁘니 하루 중 거의 혼자 있는 시간이 많은 편이라 적적하다며 안부를 묻는다. 통화를 하다 보면 별 특별한 이야기도 없다. 그저 잘 지내는지 궁금하다며 내 목소리를 들으면 반갑다며 웃곤 한다. 혼자 있을 때 느끼는 외로움이 얼마나 깊을지 가만히 생각해 보면 가슴이 저릿하다.

 가끔 티브이에서 나오는 통신사 광고를 볼 때 어르신들이 집집마다 인공지능 스피커와 대화를 나누며 즐거워하는 모습을 본다. 아프거나 힘들 때 구조의 손길이 닿도록 연락을 해 주기도 하고, 듣고 싶은 노래를 들려주며 흥을 돋우어 주기도 한다. 시대의 흐름 따라 대신 음식을 주문해 주는 서비스까지 대행해 주는 걸 보면 세상 참 좋아졌다는 생각이 든다.

 거기다 인공지능 스피커를 능가하는 쪼꼬미라는 로봇은 실시간 대화가 바로바로 이뤄져 이제는 기계가 사람을 대신해 말벗이 되고 있다. 사람과 사람이 정을 나누고 이야기를 주고받던 시절에는 이런 모습을 상상이나 했겠는가. 기계와 친구가 되다니 참 아이러니하지 않을 수 없다. "오늘 혹시 시간이 있을까요?" 혼자여서 외로울 때 기꺼이 달려와 친구가 되어 줄 이가 몇이나 될까. 언젠가 내게도 이런 상황이 올 수도 있겠다는 생각을 하면 괜스레 멋쩍어진다.

 가을 하늘을 닮은 코발트블루 셔츠를 꺼내 입는다. 춥지도 덥지도 않은 날씨, 이럴 때는 혼자보다 마음 맞는 누군가와 둘이 작은 샛길이라도 걷고 싶어진다. 상큼한 바람의 향기가 설레는 만남으로 다가올 것 같아 한껏 마음 설렌다.

평설

―

김홍섭

| 평설 |

고택의 장처럼 숙성된
사색의 결정結晶들

김홍섭

소설가 · 평론가

　박귀영 수필가를 문인협회 일로 자주 보는 편이지만 긴 이야기를 나눌 기회는 거의 없었다. 다만 잠깐씩 대화할 시간은 몇 번 있었다. 잠깐 이야기 나눈 걸로 그의 인품을 잘라 말할 수는 없지만 박귀영 수필가는 상당히 합리적 판단력과 매사 진정성 있어 보인다는 느낌을 갖고 있다. 그의 진정성은 무엇보다 성격이 앞뒤 계산 없이 단순직선형이라는 데서 느껴진다. 그런데 작품을 읽어보면 단순직선적 성격 뒤에 은폐되어 있던 전혀 다른 모습이 보인다. 단순직설이 아니라 뭉근하게 상당한 시간을 두고 발효된 장맛 같은 느낌들이 그렇다.

　정성을 들여 장을 담그고, 햇살과 바람과 오랜 시간의 하모니로 잘 발효된 장은 첫맛은 짜지만 뒷맛은 달큰한 감칠맛으로 입맛을 돋운다. 장이 없다면 한국인의 음식은 없다고 극단적으로 말할 수 있다. 특히 발효음식이 많은 한국인의 식단은 장독 속에서 나온 장류들이 맛과 영양을 좌우한다. 특히 잘 발효된 장일수록 요리에 풍성한 감칠맛을 주는 것은 물론이다. 그래서 종가의 며느리들이 시어머니로부터 가장 먼저 배우는 것도, 가장 정성 들여 배우는 것도 장이다. 고택의 오랫동안 묵힌 씨간장엔 결정이 생긴다. 흑갈색의 그 결정들은 햇빛을 받으면 흑갈색 보석처럼 반짝인다. 한국인의 영혼을 좌우할 정도로 막강한 영향을 가지고 있는 장. 박귀영의 수필들을 읽으면, 잘 발효된 장의 감칠맛 같은 딱 그 맛이다.

손가락에 힘을 꽉 주고 연필심에 침을 발라가며 또각또각 받아쓰기를 할 때, 열심히 공부하는 기분이 들어 어깨가 으쓱했던 어릴 적 동심이 그리워진다. 예전에는 초등학교에 들어가면 제일 먼저 준비하던 필기구가 연필이었다. 요즘에야 샤프펜이나 볼펜을 쓰는 것이 일상화되었지만 당시엔 필통에 잘 깎여진 연필이 가지런히 들어 있으면 왠지 부자가 된 것 같았다. 학교에서 상을 받거나 소풍 가서 보물을 찾을 때면 연필 한 다스와 공책이 상으로 주어졌을 정도로 최고의 선물이었다.

몽당연필을 잃어버려 책상 밑이나 가방 속을 뒤지던 일도, 저녁상을 물리고 나면 아버지가 정교한 솜씨로 동아연필을 깎아주시던 것도 이젠 추억의 한 장면이 되었다. 아버지가 내게 그랬던 것처럼 나도 아이들의 필통을 날마다 살피던 때가 있었다. 연필이 그새 얼마나 닳았는지 작은 문구용 칼로 뭉툭해진 연필심을 깎고 다듬어 주던 일이 하루의 재미였다. 책상에 앉아 공책에 한 자 한 자 힘을 주며 글씨를 쓰던 아이들의 모습을 보며 아버지도 내 마음과 같았을 거란 생각이 들었다.

—〈연필을 깎으며〉부분

   박귀영 수필가에게 수필이란 과거를 탐색하고 분해하고 속살을 드러내어 마침내 그 안에 숨어 있던 결정結晶을 기어코 캐내고야 말겠다는 의지가 보인다. 수필이라는 형식의 작업대 위에 그녀가 선택한 대상을 올려두고 보석을 연마하듯이 정성을 들여 재구성해낸다. 아마도 그녀에게 수필이라는 형식은, 시적 추상이 배제되고 소설적 허구가 가미되지 않기에 과거의 흔적을 가감 없이 담백하게 재구성하는데 최상의 형식으로 작용하는 것 같다. 박귀영 수필가가 선택하는 대상들은 그것이 사물이든 경험이든 독자 대부분이 보편 일반적으로 경험했던 것들이라서 공감대가 증폭된다. '손가락에 힘을 꽉 주고 연필심에 침을 발라가며 또각또각 받아쓰기를 할 때' 같은 부분을 읽다가 보면 저도 모르게 손가락 끝에 힘이 꽉 들어간다. 옛날 연필들은 한동안 쓰다 보면 글씨가 희미하게 나온다. 용케 아이들은 연필의 흑연심에 물이 묻으면 글씨가 진하게 써진다는 것을 경험칙으로 알고 있다. 그래서 물 대신 침을 발라 글씨를 썼다. 오전에 네 과목쯤 시험을 쳤다면 너도 나도 혓바닥이 시커메질 정도였다. 그 시기를 지나온 비슷한 연배의 사람들도 모두 안다. 다만 기억하지 않을 뿐.

박귀영은 수필이라는 형식을 활용하여 아주 담백한 표현으로 지난 시절의 체험을 재구성하고 있다. 그때의 감정을 되살려내는 표현이 담백하면서 살아있어 표현이 탁월하다. 그렇게 재구성된 공간은 흡입력이 아주 강하다. 살아가면서 대부분이 잊어버린 것들, 잃어버린 것들, 즉 이미 사람들이 쓸모없는 낡은 것이라고 버린 것들 속에서 그녀의 시선은 될 만한 물건을 찾는다. 그리고 그녀의 작업대 위에 올리는 순간 앤티크antique한 작품으로 태어나는 것이다. 그래서 대부분의 사람들이 잊어버리고 별로 소중한 기억으로 담아두지도 않은 것들을 용케 하나씩 끄집어내어 재구성하고 당시의 상황과 체취와 흔적을 기록하면서 그 당시의 공간을 재구성해내는 특출한 표현력을 보여준다. 심지어 '동아연필'이라는 당시 아이들에게 대중적 인지도가 꽤 있던 연필의 명칭까지도 살려내면서 그때의 현실을 지금의 현실로 가져오는데 거부감이 없다.

요란한 집수리도 끝나고 아무 일 없었다는 듯 무심히 하루하루가 흘러갔다. 베란다 청소를 하다 벽에 희미하게 남아 있는 담쟁이의 흔적을 언뜻 보았다. 개구리 발 모양을 닮은 담쟁이의 손자국이 하얀 벽에 그대로 남아 있었다. 페인트로 칠을 했는데도 저렇게 보이다니 한 뼘 두 뼘 기어오르던 모습이 눈에 선했다. 자연 속에서 마음껏 자라도록 놓아둘 걸 괜한 욕심을 부린 것 같아 괜스레 미안한 마음이 들었다. 하찮은 풀 한 포기도 소중하지 않은 것이 없다고 하는데 인연은 사람과만 맺는 것이 아니란 생각이 들었다.

마을 앞 작은 교회 벽에 담쟁이덩굴이 무성하다. 봄, 여름을 지나 빨갛게 물든 잎들이 춤추듯 바람에 나풀거리고 있다. 가까이 다가가 손으로 만져 보니 가느다란 줄기가 제법 튼실하다. 있는 힘을 다해 담벼락으로 오르던 담쟁이의 꿈은 무엇이었을까. 어렴풋하게 담쟁이가 남기고 간 인연의 끈이 소리 없이 내 가슴으로 들어왔다.

―〈담쟁이의 꿈〉 부분

담쟁이덩굴은 요즘 젊은 사람들에겐 조금 거리감 있는 식물일 수도 있다. 그러나 50대 이상이라면 친근한 식물군 중의 하나다. 일단 담쟁이는 '오래된 시간'의 상징적 식물군 중 하나다. 요즘은 아파트나 집 외벽에 페인트를 칠하기 때문에 담쟁이를 보기 어렵다. 그러나 예전 벽돌로 지은 건축물이나 일반주택은 시간이 흐르면 어느 샌가 벽 아래 뿌리를 내리고 벽면을 따라 조금씩 타고 올라가는 담쟁이덩굴을 볼 수 있었다. 주변의 담쟁이가 이웃 건물로 옮겨가기도 하지만 심는 경우가 대부분이다. 관상용으로도 좋지만 보온이나 단열효과가 탁월하기 때문이다. 그래서 담쟁이로 뒤덮인 건축물의

운치 있는 모습은 그것만으로도 역사와 명문가적 권위를 절로 느끼게 했다.

미국 동부의 명문으로 꼽는 하버드와 예일대학을 비롯한 8개 대학은 오랜 역사를 자랑하는데 이들을 '아이비리그 8개 대학'으로 별칭하기도 한다. 담쟁이로 완전히 뒤덮인 그 대학 건물들이 우리나라로 치면 연세대학교 신촌캠퍼스 건물쯤으로 보면 될 것인데 이들 모두가 오랜 시간과 역사를 품은 명문이라는 공통분모를 갖고 있다.

아마도 박귀영 수필가가 담쟁이덩굴에 관심을 갖는 것은 우연이 아닐 거라고 생각한다. 그녀의 글들은 대부분 과거로 가는 통로를 열어놓고 있다. 그녀의 심상에 뿌리내린 옛것들. 즉 옛 물건, 옛사람, 옛 생각, 옛 환경들에 대한 원초적 그리움에서 비롯된 심리적 집착일 거라고 생각되는 이유다. 그저 과거로의 여행이 아니라 어느 한 시기의 어느 한 행동이나 물건들에 대한 섬세한 관찰자적 시각이 돋보인다. 이는 그만큼 과거 어느 한 부분을 들춰내고 생각하는 과정에 그것에 대한 밀도 높은 그리움이 작용하기 때문일 것이다.

그렇다고는 하지만 어느 날 불쑥, 담쟁이라는 식물을 가져다가 다른 곳도 아닌 아파트 베란다에 심어 키워보겠다는 발상이 우선 놀랍다.

"요란한 집수리도 끝나고 아무 일 없었다는 듯 무심히 하루하루가 흘러갔다. 베란다 청소를 하다 벽에 희미하게 남아 있는 담쟁이의 흔적을 언뜻 보았다. 개구리 발 모양을 닮은 담쟁이의 손자국이 하얀 벽에 그대로 남아 있었다. 페인트로 칠을 했는데도 저렇게 보이다니 한 뼘 두 뼘 기어오르던 모습이 눈에 선했다."

베란다에 심은 담쟁이는 베란다 벽을 타고 올라가지만 결국 집수리라는 대의명분으로 폐기되고 만다. 사라진 담쟁이덩굴에 대한 아쉬움을 잊어가던 수필가의 눈에 든 것이 담쟁이가 남긴 자국이다. '개구리 발 모양을 닮은 담쟁이의 손자국'이라는 서술에서 우리는 그녀가 이미 담쟁이를 마음속에 의인화하고 있다는 것을 알 수 있다. 담쟁이가 한 땀씩 시간과 공을 들여 벽을 타고 오르는 동안, 박귀영 수필가의 마음속에 담쟁이는 인격과 생각을 가진 지적 대상으로 다가와 함께 대화를 하고 있었다는 의미가 된다. 담쟁이를 대하는 모습 뒤로 어렴풋이 옛것에 대한 그리움이 실루엣으로 드리워져 있다. 그리고 아직 마무리되지 않은 상념이 뒤를 잇는다.

"있는 힘을 다해 담벼락으로 오르던 담쟁이의 꿈은 무엇이었을까. 어렴풋하게 담쟁이가 남기고 간 인연의 끈이 소리 없이 내 가슴으로 들어왔다."

어쩌면 그 담쟁이의 '꿈'은 수필가 자신이 이루지 못한 꿈이 겹쳐졌을 것이라고 생각한다. 박귀영 수필가뿐만 아니라 누구나 젊은 시절엔 '웅대한 꿈'과 포부를 가진다. 그러나 모두가 '대통령'이나 '아이돌'이 될 수는 없다. 대부분의 사람들은 결국 웅대한 꿈을 포기하고 소시민으로 살아간다. 물론 꿈의 '흔적'은 가슴에 영원히 남아 있을 것이다. 박귀영 수필가의 담쟁이가 독자로부터 공감을 획득할 수 있는 것은 그래서다. 대부분의 사람들의 기억에 보편적으로 기록되어 있지만 그러나 이미 잊힌 경험을 익숙한 대상을 통해 재구성하여 제시하기 때문이다.

아버님에게 도장은 예술작품을 빚는 것과 진배없었다. 마치 예술가들이 자기의 작품을 만들기 위해 혼신의 힘을 다하는 것과 다르지 않았다. 단순하게 보이는 작업이었지만 글자의 간격을 맞추고 칼끝에 힘을 모아 세밀하게 한 자씩 새기면서 극도로 집중을 하였다. 조금의 실수도 허락하지 않겠다는 듯 이리저리 틀을 돌려가며 자간을 맞추어 나가는 모습에서 장인 정신이 느껴졌다. 조각칼을 잡은 손끝에서 한 사람의 기운이 새롭게 태어나는 느낌이랄까.

도장을 끼우는 나무틀은 세월의 흔적이 느껴질 정도로 반질반질 윤이 났다. 짧게는 오 분에서 길게는 사십여 분 동안 정교한 작업을 하고 나면 솔로 깨끗하게 털어 내고 까맣게 먹을 넣었다. 마지막으로 날마다 기록하던 인장부에 확인 도장을 힘주어 꾹 눌러 찍고 나면 의뢰인에게 그의 이름이 찍힌 종이를 건네주었다. 얼마 전 집안 정리를 하면서 아버님이 기록하셨던 인장 장부를 다시 보았다. 몇 권의 장부에 사람들의 이름이 다양한 글씨체로 선명하게 찍혀 있었다. 종이는 낡고 빛바랬는데도 마치 방금 찍은 것처럼 생생하게 여운이 남았다.

도장이 필수품이던 시대는 지나가고. 간단한 서명으로 웬만한 일은 다 해결되는 요즘이다. '돈은 빌려줘도 도장은 빌려주지 않는다.'는 말이 있을 정도로 귀하게 여기며 좋은 일에 쓰던 기억이 새롭다. 손으로 파야 이름값을 하던 인장이 점점 줄어들어 아쉬움이 크지만 어쩔 수 없는 현실이다.

—〈아버지의 도장〉부분

'도장'은 5천여 년 전 메소포타미아에서 처음 만들어진 뒤 전 세계가 사용하게 된 아주 오래된 물건이다. 한국에는 기원전 2세기경 들어와, 부여의 역대 왕들이 '濊王之印(예왕지인)'이라는 옥새를 만들어 사용한 기록이 있다. 근현대에 들면서는 한국인의 이해관계가 얽힌 모든 계약과 문서에는 반드시 도장을 필요로 했다. 지금은 대부분 은행 업무조차 수결로 해결 가능하지만 불과 20여 년 전만 해도 도장이 없으면 은행에 있는 제 돈조차 찾을 수 없었다. 집 계약은 물론이고 회사 간의 결재, 심지어 혼인신고마저도 도장을 안 찍으면 무효가 됐다. '돈은 빌려줘도 도장은 빌려주지 않는다.'는 서술은 당시 실제 관용적 비유로 즐겨 쓰던 말이다.

옛날 어른들은 도장을 신주단지 모시듯 했다. 자칫 집이나 전재산 날아갈 수도 있는 물건이기 때문이다. 예전엔 대부분 목도장이었는데, 하도 오래 사용하다 보니 손때가 묻어 까맣게 반질거렸다.

심지어 각인된 이름자가 닳아서 언제 읍내 나가면 도장을 하나 파야지, 하면서 차일피일 미루다가 마침내 새 도장 하나 마련해가지고 집에 오면 인주 묻혀 오래된 신문지 위에 여기저기 찍어 보이기도 했었다. 그래서 도장엔 그 집안의 오랜 역사와 내력이 스며 있었다. 이를테면 가장의 도장이란, 귀한 물건이자 집안에 모시는 또 하나의 '신주단지'였던 것이다. 박귀영 수필가의 인지대상에 도장이 들어 있지 않다면 그게 더 이상할 뻔했다.

"도장은 예술작품을 빚는 것과 진배없었다. 마치 예술가들이 자기의 작품을 만들기 위해 혼신의 힘을 다하는 것과 다르지 않았다. 단순하게 보이는 작업이었지만 글자의 간격을 맞추고 칼끝에 힘을 모아 세밀하게 한 자씩 새기면서 극도로 집중을 하였다."

박귀영만의 섬세하고 날카로운 시선이 있었기에 '도장'이라는 이제 쓸모없어지다시피 한 물건이 하나의 작품으로 빛을 볼 수 있었을 것으로 생각되다. 인용한 표현을 보면 도장을 새기는 작업 과정의 섬세함과 전문적 기술 그리고 고도의 집중력을 말하고 있는데, 사실 박귀영 수필가가 선택한 단어와 문장의 섬세한 전개과정이 도장 새기는 빈틈없는 작업과정과 맞물려 동시에 진행되는 중이다. 단어와 문장을 조각칼로 깎고 다듬어 한 문단의 의미를 빈틈없이 채워가는 과정이 그렇다. 다르다면 도장은 장인이 나무에 한 자 한 자 새겨가는 것이고 수필은 마음에 한 자 한 자 새겨가는 것이다.

따뜻한 아랫목에서 천천히 발효 과정을 거친 후 덮어둔 천을 들추어 보면 반죽이 두 배로 봉긋 부풀어 올랐다. 이렇게 부푼 반죽을 조물조물 찜솥에 올려 푹 쪄 내면 드디어 달짝지근하고 새큼한 술빵이 완성되었다. 포실한 빵을 꺼내어 먹으면 하얀 구름 위에서 몽실몽실 걷는 느낌이 들어 자꾸만 손이 갔다. 적당한 온도와 기다림의 조화가 환상의 맛을 만들어 낸 것이다.

'인생이 힘들 때 빵 하나로 위로를 받는다.'는 말을 나는 좋아한다. 사는 일이 팍팍하다고 느낄 때 음식이 주는 위로가 실로 대단하다는 걸 알기 때문이다. 익숙한 맛이 주는 편안함이 좋다. 맛있다고 느끼는 감정의 대부분은 경험에서 비롯된다. 뜨거움도 잊고 호호 불며 먹었던 꿀맛 같던 술빵을 좋아하는 건 어머니의 정성과 사랑이 그리운 까닭이다.

사는 일이 허허로울 때 가끔 그 맛이 그리워 서툰 솜씨로 나도 술빵을 만들어 본다. 만드는 과정이 번거롭긴 해도 내가 만든 간식을 가족들이 맛있게 먹는 모습을 보면 나도 모르게 미소가 지어진다. 어머니도 이런 기분이었을까. 자신이 만든 빵을 먹고 행복해하는 아이들을 보고 뿌듯해하셨을 당신의 마음이 전해져 와 코끝이 시큰하다.

시대가 변하면서 입맛과 취향도 달라졌다. 추억이 방울방울 묻어 나는 사소한 것들이 향수를 자극한다. 날마다 이리저리 부대끼며 힘들 때 어머니의 온기를 느끼듯 노랗게 잘 익은 술빵을 한 움큼씩 손으로 뜯어 먹고 싶다. 투박하지만 폭신한 그 맛으로 내 삶을 위로받고 싶다.

―〈행복한 술빵〉 부분

술빵은 지금 오십 대 이상이라면 그 맛에 익숙할 것이다. 술빵은 만드는 과정이 제과점 빵과는 근본적으로 다르다. 이스트나 베이킹소다 같은 발효소나 팽창제가 아닌 이미 다른 용도로 발효된 막걸리를 사용한다. 막걸리 넣은 반죽을 아랫목 뜨뜻한 곳에 놓고 이불로 묻어두어 반죽이 부풀면 솥에 그냥 찌거나 콩 같은 것으로 토핑하기도 한다. 아마도 젊은 사람들은 빵, 하면 크루아상에 곁들인 커피나, 디저트로 먹는 가나슈 조각케이크와 자바 칩 프라푸치노 같은 걸 떠올리겠지만 그들의 부모들에게 빵이라면 찐빵, 술빵 정도다.

제과점과 비교하면 술빵은 모양마저도 원시적이다. 쪄낼 때 크기는 솥단지의 크기와 비례한다. 솥이 크면 빵도 크다. 그걸 피자 조각처럼 잘라 먹는데 기본적으로는 식사대용이다. 하지만 춥거나 비 내리는 들판에서 일하고 와서 갓 쪄낸 술빵을 먹는 그 기분은 천국이 따로 없다. 살짝 막걸리 향이 묻어나는 따스한 김이 코를 통해 폐부로 깊숙이 들어오면 입안 가득히 침이 고인다. 손에 들면 그 부드럽고 따스한 감촉이 익숙한 연인의 살결보다 더 정겹다. 한 입 베어 물면 입안에서 감도는 그리운 맛은 눈물겹다. 크루아상이나 가

나슈 조각케이크에서 느끼는 것과 전혀 다르다. 한국인들의 정서, 오래 시간을 들여 발효된 한국적 정서감각을 자극하는 것이 술빵이다.

"'인생이 힘들 때 빵 하나로 위로를 받는다.'는 말을 나는 좋아한다. 사는 일이 팍팍하다고 느낄 때 음식이 주는 위로가 실로 대단하다는 걸 알기 때문이다. 익숙한 맛이 주는 편안함이 좋다. 맛있다고 느끼는 감정의 대부분은 경험에서 비롯된다. 뜨거움도 잊고 호호 불며 먹었던 꿀맛 같던 술빵을 좋아하는 건 어머니의 정성과 사랑이 그리운 까닭이다."

그래서 술빵은 지치고 고픈 사람의 몸만 위로하는 게 아니라 그 부드러움과 따뜻함 그리고 익숙한 발효 향으로 마음까지 위로다. 그 이유를 저자는 조용히 말한다. '맛있다고 느끼는 감정의 대부분은 경험에서 비롯된다'고. 그리고 그 '맛있'는 도우 위에 '어머니의 정성과 사랑'을 토핑해서 내민다. 이게 바로 박귀영만의 수필이다.

어머니가 만들어주었던 술빵을 스스로 자식들을 위해 만들면서 느끼는 어머니와의 감정적 유대는 시간이 흘러 다시 다음 세대로 이어질 것임을 암시하는 대목도 '눈물겹다' 박귀영 수필가가 가진 언어조율의 장점이다. 단어와 문장이 잘 발효되어 향기로운 술빵에 담긴 향수와 그리움과 애틋함이 가감 없이 전달되는 것. 그 모든 것을 한 조각의 술빵에 담을 수 있다는 것.

낯선 길 위에서 돌아본 옛집은 내 기억 속에선 늘 그 모습 그대로다. 골목길 중간쯤 유난히 눈에 띄었던 파란 대문 집이 우리 집이었다. 다닥다닥 이어진 집들은 마루를 사이에 두고 서로 마주한 안방과 작은방이 여느 한옥처럼 정겨움을 자아냈다. 이웃집 담 너머로 옆집 가족들의 우당탕탕 싸움 소리도 엿듣고, 작은 푸성귀 하나로도 따뜻한 정을 나누었다.

우리 집 마당 한쪽 작은 화단에 철마다 수선화와 물망초, 제라늄들이 군락을 이뤄 필 때면 오가던 사람들이 기웃거리며 놀러 오곤 하였다. 빛바랜 시간 속에서 친구들이 내 이름을 부르며 뛰어 들어와 막역하게 놀던 그 집이 가끔 꿈속에 나타났다. 이 세상에 변하지 않는 것이 있을까. 낡고 빛바랜 것들에 애착이 가듯 오래된 것들이 주는 편안함이 감성을 자극한다.

햇살 좋은 봄날, 그냥 한번 옛집을 찾아가 보기로 하였다. 그 집이 있다면 시간의 통로에 슬쩍 들어가 보고 싶었다.

(중략)

얼핏 열린 대문으로 집 안의 모습이 살짝 보였다. 어딘지 모르게 휑한 마당이 얼핏 눈에 들어왔다. 그 옛날 우물 옆 꽃밭에 피어 있던 꽃들도, 장독대에서 빛나던 장독은 어디로 갔는지 사람도 떠나고, 시간도 속절없이 흘렀다.

집은 사람을 닮는다고 했던가. 그곳에 사는 사람들이 어떻게 가꾸는지에 따라 다양한 모습으로 거듭난다. 세월이 아무리 흘러도 집이라는 공간은 그 안에서 따뜻한 기억을 품고 지나온 시간을 추억하게 한다. 은은하고 예쁜 꽃같이 뒤를 돌아보며 나를 반추하듯 그런 집에 오래도록 살고 싶어진다.

집은 온전히 나를 닮은 곳이라는 생각을 하며 말없이 옛집을 바라본다.

—〈오래된 집〉부분

아마도 이번 수필집의 정점은 '오래된 집'일 것이다. 저자의 '오래된 집'은 바로 자신이 오래전에 살았던 자신의 옛집이다. 의식적으로 자신의 옛집을 다시 찾아가보는 행위는 그저 방문하는 행위를 넘어선다. 그것은 의도했건 아니건 일종의 제의행위로 볼 수 있다.

오래전 살던 집을 다시 보러 가려고 마음먹는 순간 사람들의 심리상태는 좀 복잡할 수 있다. 기대감도 있지만 기대치의 배반에 대한 두려움, 그 중간쯤 어디에서 갈등하게 된다. 그리고 가보는 것이 좋을지, 안 가는 것만 못 할지에 대한 갈등도 겹친다. 무엇보다 거기서 만나게 될 그 집의 새로운 주인에 대한 궁금증. 관리는 잘되어 있는지에 대한 호기심 등이지만, 결국 가장 큰 호기심은 거기서 만나게 될 오래전의 자신 모습일 것이다. 어쩌면 이유의 표면에서 벗어나 있는 바로 그 부분이 자신의 옛집을 찾게 만드는 가장 중요한 요소일 것 같다. 그것은 마르셀 프루스트의 소설 〈잃어버린 시간을 찾아서〉가 갖는 제의행위와 동질성을 가진다.

설사 주인이 바뀌고 집의 풍경이 바뀌었다 해도 어딘가에는 있을 익숙한 흔적들. 그 흔적들이 매개가 되어 떠오를 추억들. 예를 들면 "다닥다닥 이어진 집들은 마루를 사이에 두고 서로 마주한 안방과 작은방이 여느 한옥처럼 정겨움을 자아냈다. 이웃집 담 너머로 옆집 가족들의 우당탕탕 싸움 소리도 엿듣고, 작은 푸성귀 하나로도 따뜻한 정을 나누"던 기억 같은 것들이다. 그래서 오래된 옛집으로 가는 길은 잃어버린 시간 속으로 가는 길이고 기억에서 지워진 풍경 속으로 가는 길이다. 대부분의 경우 옛집을 찾아가려는 사람의 심리상태는 그곳에서 한때 누렸던 따스한 기억을 찾으려 한다. 그 과거의 것이 현재 자신의 정서를 살찌울 수 있기를 희망하면서 간다. 저자도 바로 그런 진술을 하고 있다. '세월이 아무리 흘러도 집이라는 공간은 그 안에서 따뜻한 기억을 품고 지나온 시간을 추억하게 한다.'

단어의 선정과 문장의 조립이 충분히 무르익어 있다. 그것은 잘 발효된 장처럼 혀끝에서 다양한 맛과 향의 하모니로 감칠맛을 낸다. 그렇게 맛깔나게 흘러간 시간과 정서를 재구성하여 제공된 집에서 독자는 잃었던 혹은 잊었던 옛 기억과 정서를 되살리게 될 것이다. 마치 오랜 시간이 흐른 후 외가댁에 가서 할머니의 장독을 들추고 장을 맛보면서 할머니가 해주셨던 음식과 손맛과 할머니와의 추억을 기억해내듯이. 그 행위는 프루스트가 〈잃어버린 시간을 찾아서〉에서 한 조각 '마들렌 과자'의 식감과 향기를 통해 오래된 기억을 더듬어가는 것처럼 '무의지적 기억의 발견'을 위한 공간을 제공한다. 어릴 적 경험했던 술빵 맛, 토장국 향기, 교회 종소리 같은 기억들은 성장한 후 현대라는 공간으로 들어오면서 잊어버리지만 지워진 것은 아니다. 그것은 내면의 깊은 곳에 잠자고 있을 뿐. 그 감각이 어떤 자극에 의해서 깨어날 때 '독자는 감각 속에서 잃어버린 시간을 회복'할 수 있다고 프루스트는 말한다. 그리고 그 과정을 통해 우리는 과거와 현재 그리고 미래가 연결되어 있다는 것을 깨닫게 되는 것이다.

그런 깨달음이 중요한 이유는, 존재의 핵심이 되는 시간의 기억이기 때문이다. 그것을 되살려 냄으로서 인간은 창의성과 진취성 그리고 목적성을 긍정적으로 재설정할 수 있기 때문이기도 하다. 즉 과거의 기억을 재생함으로써 미래를 재구성할 수 있다는 말이다. 이것이 프루스트의 20세기 위대한 저작으로 꼽히는 〈잃어버린 시간을 찾아서〉가 던지는 의미이기도 하다. 박귀영은 마들렌 과자가 아닌 술빵과 담쟁이덩굴을 통해 그 통로를 제공한다.

경남산문선 99

오래된 집
봄날의 향기처럼

박귀영 수필집

1쇄 펴낸날 2025년 11월 17일

지은이 박 귀 영
펴낸이 오 하 룡

펴낸곳 도서출판 경남
주 소 창원시 마산합포구 몽고정길 2-1
연락처 (055)245-8818
이메일 gnbook@empas.com
출판등록 제1985-100001호(1985. 5. 6.)
편집팀 오태민 심경애 구도희

ISBN 979-11-6746-211-4-03810

ⓒ박귀영

✳이 책은 경상남도 경남문화예술진흥원의 문화예술지원을 보조받아 발간되었습니다.
✳잘못된 책은 바꿔 드립니다.
✳저자와 협의 인지 생략합니다.

〔값 15,000원〕